CYMDEITHAS
EMRYS AP IWAN
ABERGELE

D1744837

Y DDARLITH
FLYNYDDOL

CYFROL 5 a 6
1985 a 1986

Cyhoeddwyd gan Gyngor Sir Clwyd
Gwasanaeth Llyfrgelloedd ac Amgueddfeydd
Yr Wyddgrug, 1986

Rhif Llyfr Safonol Rhyngwladol
0 903952 94 7

Gair o Gyflwyniad

Y mae aelodau Cymdeithas Emrys ap Iwan, Abergele, yn canmol eu lwc mai hwy oedd y rhai cyntaf a gafodd y fraint o glywed traethu'r ddwy ddarlith nodedig sy'n dilyn. Traddodwyd y naill, sef "Emrys ap Iwan a'i Gyfnod", ar Fawrth 28, 1985, gan D. Tecwyn Lloyd a'r llall, sef "Emrys ap Iwan a Saisaddoliaeth: Maes y Gad yng Nghymru'r 70au", ar Fawrth 21, 1986, gan Hywel Teifi Edwards.

Yn awr wele'r Gymdeithas yn cyflwyno'r darlithoedd hyn i bawb sy'n ymddiddori yng ngyrfa a llafur un o'n cewri mwyaf. Yn llawen a balch y'u cyflwynwn, gan ofidio ar yr un pryd nad oes modd cyfleu'r wefr a ddaeth i ran y cwmni dethol wrth wrando ar y ddau broffwyd yn datgelu'n feistrolgar beth o ffrwyth eu hymchwil dyfal. Ac yn ôl a ddeallwn, y mae eto'n ôl ddefnydd sawl darlith arall ar wahanol agweddau ar weithgarwch Emrys ap Iwan a fydd yn gymorth inni werthfawrogi ei ymdrech ddiflino i geisio "diwylltio" ac argyhoeddi Cymry ei ddydd.

Y mae'n bleser gennyf, ar ran y Gymdeithas, ddiolch i'r ddau ladmerydd egnïol am eu cyfraniadau tra gwerthfawr; i Gymdeithas Gelfyddydau Gogledd Cymru am ei chefnogaeth ariannol unwaith yn rhagor; i Mr Siôn Jones am dynnu'r lluniau a'u cyflwyno i'r Gymdeithas; i reolwr Argraffdy Sir Clwyd am ei waith gofalus a chymen ac, yn sicr ddigon, i Wasanaeth Llyfrgelloedd ac Amgueddfeydd Cyngor Sir Clwyd am ymgymryd â'r gwaith o gyhoeddi'r darlithoedd ar ein rhan.

Haydn H. Thomas
(Golygydd y Gyfres)

*Capel y Tabernacl, Rhuthun, y bu Emrys ap Iwan yn weinidog arno am gyfnod. Yn ôl T.Gwyn Jones,
"bu a wnelai Emrys lawer â phennu ar gynllunio ac adeiladu'r capel."*

EMRYS AP IWAN A'I GYFNOD

Gan
D. Tecwyn Lloyd

Darlith 1985

D. Tecwyn Lloyd

EMRYS AP IWAN A'I GYFNOD

Wrth fynd ati i baratoi'r sylwadau hyn, fy anhawster cyntaf oedd cael gafael ar ryw fath o benllinyn. Bu cyfraniad Emrys ap Iwan mor eang ac amlochrog, ac erbyn hyn hefyd bu cymaint o drafod ar ei waith, fel mai nid hawdd gennyf oedd dewis i ba gyfeiriad yr awn. Ond yn y cyfynggyngor hwn fe gofiais am un peth sy'n rhyfedd ac nid amherthnasol i'r drafodaeth, sef hyn: ym 1981, cyhoeddodd yr hanesydd Kenneth O. Morgan gyfrol helaeth ar hanes Cymru rhwng 1880 a 1980 o dan y teitl *Rebirth of a Nation*. Dyma'r union gyfrol, meddwn cyn ei darllen, a fydd yn dangos yn eglur gyfraniad Emrys ap Iwan i'r "Rebirth" yma. Chwiliais y Mynegai am gyfeiriadau ato: dim un; chwilio'r Llyfryddiaeth helaeth wedyn ond, chwedl Robert ap Gwilym Ddu,

> Chwilio'r celloedd oedd eiddi
> A chwilio heb ei chael hi.

Amryfusedd y Wasg, meddwn. 'Doedd dim amdani wedyn ond darllen y gyfrol o'i chwr ac o'r diwedd, ar dâl tudalen 113, wele sôn am y "political nationalists" hynny a fynnai ymreolaeth i Gymru ddiwedd y ganrif ddiwethaf. Dyfynnaf:

> One such was Robert Ambrose Jones, "Emrys ap Iwan". He was an eccentric figure since he was sympathetic to Roman Catholicism and an ardent admirer of French culture who felt distaste for the narrow horizons of Calvinist Wales.

A dyna'r cyfan. Erbyn hyn, fe ystyrir y Dr Morgan yn glipar o awdurdod ar hanes diweddar Cymru ond mae ganddo un anfantais anferth i'r gwaith: nid yw'n deall na darllen Cymraeg yn rhwydd o gwbl ac fe welwch oddi wrth y dyfyniad a ddarllenais nad yw wedi clywed nemor ddim sôn na darllen gwaith Emrys ap Iwan nac, yn wir, yn gwybod nemor ddim mwy amdano na'i enw. Barn rhywun arall, yr un mor anwybodus, gwaetha' modd, yw'r geiriau a sgrifennodd.

Ond nid er mwyn ei feio yn bersonol y soniaf amdano yn y fan hyn. Ffrwyth syniadau cenhedlaeth ein rhieni a'n teidiau ydyw ef a haneswyr eraill tebyg sydd yng Nghymru heddiw — yr union fath o ffrwyth y bu Emrys ap Iwan, dro ar ôl tro, yn ein rhybuddio rhagddo. Haneswyr na wyddant briod iaith eu gwlad ac na fedrant ddarllen a thrin y corff anferth o ddogfennau a phapurau a sgrifennwyd ac a gyhoeddwyd yn yr iaith honno ac a gedwir,

1

yn deisi helaeth, yn ein Llyfrgell Genedlaethol. O ganlyniad, fe gyfyngir hanes Cymru heddiw i'r rhannau hynny ohono y gellir ei ddarllen a'i drafod mewn Saesneg yn unig sef, gan mwyaf, hanes diwydiannaeth, undebaeth llafur ac economeg yr ardaloedd digymraeg nad yw'n mynd nemor ddim pellach yn ôl na dwy ganrif. Am hanes y canrifoedd hir o ddiwylliant ac arferion brodorol Cymraeg, ni wyddant mohono ddim. Unwaith y diflanna'r Gymraeg, hanes talaith o Loegr fydd gennym wedyn — talaith ddiwydiannol, Saesneg ei hiaith; farcsaidd, ond odid, ei diwinyddiaeth.

'Nawr, 'dwyf i ddim am ddilyn y thema hon ymhellach yma, dim ond dweud mai'r cwbwl a ddywedai Emrys ap Iwan petai'n dod yn ôl atom o'i fedd heno am funud neu ddau fyddai, "Dim syndod; mi rois i ddigon o rybudd ichwi":

> Y mae'r ddyled i fynnu dysgu i'n plant ein hunain ein hiaith ein hunain yn ysgolion ein gwlad ein hunain, yn ymddangos i mi erioed mor resymol fel yr wyf yn teimlo fy mod yn fy sarhau fy hun, ac yn sarhau fy nghydwladwyr hefyd, wrth dreulio amser i ddangos peth sydd mor amlwg.

Ond nid oedd hyn yn amlwg i'w gyfoeswyr, nac i'w meibion a'u merched. Yr hyn sy'n anodd i ni ei sylweddoli heddiw, a ninnau'n dechrau deffro, yw mawr unigrwydd gŵr a siaradai fel yna lai na chanrif yn ôl. Ac yn awr, gadewch inni geisio gweld paham yr unigrwydd hwn.

Ganwyd Emrys ap Iwan ym 1851. Erbyn y flwyddyn honno, buasai Cymru heb fodolaeth swyddogol ers ychydig dros dair canrif. Er hynny, fe gadwodd ei hunandod trwy gadw ei hiaith ac o ddyddiau Gruffydd Jones Llanddowror ymlaen bu cynnydd araf mewn rhyw fath o genedlaetholdeb diwylliannol a chrefyddol. Yn y ddeunawfed ganrif, dechreuwyd darganfod hen wehelyth llenyddol y genedl, ei chyfreithiau a chwedloniaeth gan ysgolheigion fel Moses Williams, Morrisiaid Môn, y Gwyneddigion yn Llundain ac eraill. Carreg filltir bwysig ar ffordd adferiad cenedlaethol oedd cyhoeddi'r *Myvyrian Archaiology of Wales* ar ddechrau'r ganrif ddiwethaf, y casgliad helaeth cyntaf mewn print o'n hen lenyddiaeth. Fe gyhoeddwyd gweithiau eraill megis *The Poems of Llywarch Hen* a barddoniaeth Dafydd ap Gwilym. Yn dilyn y rhain daeth yr eisteddfodau taleithiol, a'r deffro sydyn o tua 1820 ymlaen i ymddiddori mewn hanes lleol a phlwyfol ac mewn hynafiaethau o bob math, heb anghofio cyfraniad rhyfedd ond pwysig Iolo Morganwg a'r Orsedd a oedd, meddai ef, yn sefydliad hŷn na dim byd arall yn Ewrop. Ym 1814, cyhoeddwyd y papur newydd wythnosol Cymraeg cyntaf, sef *Seren Gomer* a ddarllenid, meddai Joseph Harris, ei sefydlydd a'i olygydd, gan wyth mil o Gymry ar hyd a lled yr holl wlad a'r rheini'n werinwyr i gyd. Bu sefydlu ysgolion Sul a oedd, yn eu tro, yn creu swrn mawr o ddarllenwyr Cymraeg. Mentrodd ambell un fel Jac Glan y Gors gyhoeddi pamffledi politicaidd i ymosod ar ormes a haerllugrwydd brenhinoedd a phreladiaid. Bu terfysgoedd sifil mewn amryw fannau.

Eto, er hyn i gyd — a rhaid inni ofalu rhag mwyhau gormod ar ddylanwad y pethau a nodais — fe gollodd Cymru un peth tra phwysig o'r Ddeddf Uno ymlaen na ellir ei orbwysleisio. Hwnnw oedd y persbectif Ewropeaidd. O gyfnod y Tuduriaid ymlaen, fe beidiodd pob cysylltiad diwylliannol ffrwythlon rhwng Cymru a gwledydd Ewrop. Trwy ddrych Lloegr a'r Llywodraeth yn Llundain y gwelem bopeth o'r tu allan i'r ynysoedd hyn wedyn, ac o ganlyniad fe grebachwyd ac fe blwyfolwyd ein gwybodaeth a'n diwylliant. Yn nyddiau'r Tywysogion, bu gennym gysylltiadau uniongyrchol â Ffrainc a Llydaw a'r Eidal a Sbaen ac y mae cryn lawer o ddelw llên a chwedl y gwledydd hyn ar ein cynhysgaeth ni. Nid dieithr oedd clywed Ffrangeg yn ein mân borthladdoedd megis Aberteifi, neu Wyddeleg ar arfordiroedd Llŷn a Dyfed. Un o'r ffactorau a wnaeth fwy na dim i blwyfoli a phrydeinio ein meddyliau oedd yr hyn a elwir yn Ddiwygiad Protestannaidd o ddyddiau Harri VIII ymlaen. Cyn hynny, yr oedd arweinwyr crefydd ac ysgolheigion o Gymru yn ymweld yn gyson â Rhufain ac, fel y dengys catalog llawysgrifau'r Fatican, yn anrhegu'r llyfrgell Ewropeaidd honno â gweithiau diwinyddol mewn Lladin — sef iaith gydwladol dysg y pryd hwnnw. Prin bod angen imi gyfeirio at ddylanwad Ffrainc ar ein llenyddiaeth seciwlar yng nghyfnod y Tywysogion a'r uchelwyr — y chwedlau a gyfieithid o Ladin a Ffrangeg, y canu serch sydd yn nhraddodiad canu'r Trwbadwriaid a'r Goliardi. Ond mwy na'r cwbwl, gallai Cymro weld a barnu Lloegr a'r Sais fel cenedl-ddyn annibynnol, gweld Sais fel y mae ac nid yn y modd y mae wogiaid darostyngedig i fod i'w weld.

Colli hyn, sef yr annibyniaeth safbwynt a barn yna, fu ein colled fwyaf i gyd. Mae'n parhau gyda ni, wrth gwrs, fel y dangosodd Refferendwm 1979. Aethom yn bobl ynysig. Ac fel petai Tynged ei hun yn ein llorio, yr anffawd arall a fawr brysurodd yr ynysu hwn oedd y ffaith mai Cymreig, yn rhannol, oedd llinach y Tuduriaid, canys creodd hyn ffug-hyder yn y Cymry eu bod o'r diwedd wedi gwir etifeddu hen "Goron Ynys Prydain" ac mai hwy bellach oedd meistri'r deyrnas. Saesneg, er hynny, oedd unig iaith y Goron.

Fodd bynnag, ni allaf drafod yr holl fater hwn yn fwy manwl yma, ond mae'n dra phwysig ei gadw mewn golwg os ydym am ddeall yr hyn y ceisiai Emrys ap Iwan ei wneud — a'i wneud ar yr adeg fwyaf anodd i gyd yn ein hanes.

Trown felly at fater arall, nid colli Ewropeaeth y tro hwn ond cadarnhau ein prydeindod Seisnig yn fwy bwriadus a phendant fyth. Bedair blynedd cyn geni Emrys ap Iwan ym 1851, bu cychwyn yr ymdrech ddwysaf a gafwyd er 1535 i ddifodi cenedligrwydd y Cymry a llwyr newid cwrs ein hanes. Hwnnw oedd Comisiwn 1846, y tri Sais a fu'n gyfrifol am baratoi a chyhoeddi Llyfrau Gleision 1847, sef Lingen, Symons a Johnson. Wedi ystyried cyflwr addysgol a diwylliannol y Cymry, baich doethineb a chyngor y gwyrda hyn oedd mai'r iaith wahanol hon — "peculiar" yw gair Lingen — a siaradai'r Cymry a oedd yn eu cadw'n ôl mewn bywyd a masnach yn gyffredinol. Meddai Lingen: "It is a language of old-fashioned agriculture, of theology, and of simple rustic life, while all the world about him (sef y Cymro) is English . . .'', ac o ganlyniad, "He is left to live in an underworld of his own, and the march of society goes . . . completely over his head.''

Mae'n wir i Adroddiad y Comisiwn fynd y tu hwnt i'w ffiniau gosodedig a throi i sôn am anfoesoldeb — rhywiol yn bennaf — y Cymry. Achosodd hynny brotestio mawr gan arweinwyr fel Ieuan Gwynedd, y Dr Lewis Edwards a llawer un arall. Y wedd hon i'r Adroddiad a greodd yr enw "Brad y Llyfrau Gleision'' ac a gyffrôdd y wlad yn gyffredinol os gallwn goelio adroddiadau papur newydd a chylchgrawn. Ond ni bu protestio tebyg ynglŷn â'r hyn a argymhellid ynglŷn â'r iaith, sef ei difodi. Yn y mater hwn, fel y dywedodd Saunders Lewis yn ei ddarlith *Tynged yr Iaith,*

Rhoes arweinwyr y genedl, yn lleygwyr ac yn weinidogion, eu hegni gorau glas i sefydlu cyfundrefn addysg Saesneg drwyadl ym mhob rhan o Gymru o'r ysgol elfennol at golegau normal a thri choleg prifathrofaol, a Siarter Prifysgol i goroni'r cwbl. Casglwyd arian y gweithiwr o Gymro at y colegau prifysgol. "Rhoes ei geiniog brin at godi'r coleg'' er mwyn i'w fab ei hunan beidio â medru nac iaith ei dad nac ystorïau'i dadau na gwybod dim am "adlais cerddi ei ieuenctid pell''.

4

Rhaid oedd difodi hanes y genedl yn ogystal â'i hiaith. Hyn sy'n cyfrif na ddysgid gair o hanes Cymru hyd yn oed i'm cenhedlaeth i yn ysgolion gramadeg Cymru; pan sefydlwyd coleg prifysgol cyntaf Cymru ym 1872, ni bu ynddo gadair i Athro Cymraeg am lawer blwyddyn na chadair Hanes Cymru tan ddiwedd dauddegau'r ganrif hon. Heb os, bu'r Llyfrau Gleision ym 1847 yn drobwynt yn ein hanes ac fel y mae Hywel Teifi Edwards wedi dangos yn gwbl eglur yn ei astudiaeth fawr, *Gŵyl Gwalia*, llwyddasant i beri i Gymro gywilyddio am y ffaith ei fod yn Gymro.

Peth arall y dylid ei gofio yw mai canrif gwbl faterol ei delfrydau oedd y bedwaredd ganrif ar bymtheg; mater o elusen oedd popeth nad oedd yn fater o ennill materol. Canrif yr *economic man;* llwyddiant materol a chasglu cyfoeth oedd y nod. Dyma'r llinyn cysylltiol sy'n rhedeg trwy athroniaethau cymdeithasol yr oes o Jeremy Bentham ymlaen trwy Stuart Mill, Herbert Spencer, Samuel Smiles a Karl Marx. 'Does dim yn llwyddo fel llwyddiant, ac ystyr llwyddiant oedd rhywbeth y gellid ei fesur a'i bwyso mewn termau materol, termau'r daflen a'r adroddiad blynyddol masnachol. Peth i lwyddo yn ystadegol oedd hyd yn oed crefydd, fel y prawf yr holl adeiladu capeli a chyfri pennau a ddigwyddai, yn arbennig o bumdegau'r ganrif ymlaen. Pa les i oes felly oedd iaith "peculiar"? Diau fod ganddi hen glasuron diddorol o'r canrifoedd pell, fel y gwelodd Matthew Arnold ym 1864, ac mai da o beth fyddai astudio'r rhai hynny er mwyn eu gwerth ieithyddol, ond peth ofer oedd parhau i lenydda mewn iaith felly, meddai Arnold, nac, yn wir, ei siarad a'i choleddu yn yr ysgolion — a chofier mai Arolygydd Ysgolion ydoedd Arnold. Meddai:

> I must say that I quite share the opinion of my brother Saxons as to the practical inconvenience of perpetuating the speaking of Welsh . . . Nor, perhaps, can one have much sympathy with the literary cultivation of Welsh as an instrument of living literature; and in this respect Eisteddfods encourage, I think, a fantastic and mischief-working delusion. For all serious purposes in modern literature ... the language of a Welshman is and must be English . . . for all modern purposes, I repeat , let us all as soon as possible speak English, and if he is an author, let him write English.
>
> *(The Study of Celtic Literature.* arg. 1891, tt.10-11).

Eithr o'i gymharu â'r hyn a fytheirid gan y *Times* yr un adeg, mae geiriau Arnold bron â bod yn gefnogaeth i'r iaith. Wrth sôn am yr Eisteddfod fel sefydliad, ebe'r *Times:*

The Welsh Language is the curse of Wales. Its prevalence and the ignorance of English have excluded, and even now exclude, the Welsh people from the civilization, the improvement, and the material prosperity of their English neighbours . . . Their antiquated and semi-barbarous language, in short, shrouds them in darkness.
(Medi 8, 1866)

Effaith hyn i gyd oedd peri i anwybodaeth o'r Gymraeg, neu o leiaf esgeulustod ohoni, ddod yn nod amgen ar safonau parchusrwydd ymysg y dosbarth canol, y sawl a wisgai goler a thei. Mae Ceiriog a Mynyddog ac ambell un arall o feirdd y ganrif ddiwethaf yn gwneud hwyl ddigon diniwed am ben seisnigrwydd y Cymry parchus — yn siopwyr a chlercod, yn athrawon ysgol a gweinidogion capeli'r trefi a'r dinasoedd ac yn y blaen. Mae gennyf gof imi glywed unwaith ddarn adrodd o'r enw ''Saesneg ar hiniog y capel'' lle y dychenid y modd mursennaidd o droi i'r Saesneg unwaith y byddai'r gynulleidfa ar y ffordd allan o'r capel ar ôl y gwasanaeth. Ac onid yr un dychan sydd gan Daniel Owen wrth greu Mr Smart, y blaenor afrwydd ei ddawn a phrin ei Gymraeg yn *Y Dreflan* ? Treiddiodd yr un seisnigrwydd i'r Eisteddfod fawr genedlaethol hefyd, fel y dengys Hywel Teifi eto, ac erbyn canol y ganrif yr oedd yr un penwendid yn bygwth y grefydd ymneilltuol ei hun. Ym 1867, sgrifennodd Lewis Edwards i'r *Drysorfa* i annog codi capeli Saesneg yn ''holl brif drefi y Dywysogaeth'', ac yn y man daeth hyn yn rhan o weithgarwch yr Hen Gorff ac, o ran hynny, enwadau Cymraeg eraill yn ogystal. Digon teg oedd codi capeli i gynulleidfaoedd cwbl Saesneg ond yn aml, nid hynny a ddigwyddai. Yn y Bala ei hun, sefydlwyd capel Saesneg a chan nad oedd nemor ddyrnaid o Saeson yn ei fynychu nac, yn wir, yn teimlo unrhyw angen ysol amdano, pwysid ar Gymry Cymraeg i ymaelodi yno er mwyn cadw'r lle i fynd. Bu hyn yn achos brwydro caled i Emrys ap Iwan fel y cawn grybwyll eto.

Mewn cyfeiriadau eraill, yr oedd dylanwad y seisnigo mawr yn brigo i'r wyneb. Iaith a llenyddiaeth, er enghraifft. Dichon y gellir dal na bu erioed fwy o sgrifennu a chyhoeddi Cymraeg nag yn y bedwaredd ganrif ar bymtheg nac, yn wir, o ddarllen Cymraeg. Dyma ganrif anturiaethau cyhoeddi mawr fel *Y Gwyddoniadur Cymraeg, Y Deonglydd Beirniadol, Y Faner* ei hun a llu o weithiau anferth tebyg na all neb o'n cyhoeddwyr ni heddiw eu deintio. Mae'r cyfan, o ran swm, yn rhyfeddod. Ond os edrychwn yn ofalus, fe welwn ar unwaith gymaint fu'r dirywiad mewn arddull a phriod-ddull Cymraeg rhagor, dyweder, gweithiau'r unfed a'r ail ganrif ar bymtheg. Byddai'n chwyddo gormod ar hyn o drafodaeth i

6

fanylu ar y mater hwn ond, yn fras, gellir dweud bod llenorion Cymraeg y ganrif yn colli gafael ar briod idiom yr iaith a hynny oherwydd mai Saesneg oedd iaith eu haddysg a'u darllen ac, yn aml ddigon, eu sgwrs feunyddiol a'u llythyrau personol. Dro ar ôl tro, mewn cofiannau, pregethau ac erthyglau, gwelwn drosi idiomau Saesneg yn llythrennol i'r Gymraeg a gwelwn hefyd sawl awdur yn dynwared cystrawen Saesneg trwy ymestyn hyd eu brawddegau mewn modd nad yw'n bosibl i'r gystrawen Gymraeg. Fel enghraifft bur deg o hyn, gellir nodi cofiannau'r Dr Owen Thomas i John Jones Talsarn a Henry Rees. Mae'r un peth yn wir hefyd am bryddestau meithion a diffaith y cyfnod. Dim ond beirdd wedi colli pob golwg ar briod draddodiad cerdd dafod Gymraeg a throi i ddynwared meithder cwmpasog a rhyddieithol barddoniaeth drydedd a phedwaredd gradd Lloegr a allai wneud hyn. Eto, ni fynnwn ddal mai o ganol y ganrif ymlaen yn unig y bu hyn; y gwir yw fod ysgolheictod Cymraeg wedi colli ei ffordd ar ôl diflannu cylch y Morrisiaid ac, yn wir, gyda marw Edward Lhuyd cyn hynny ym 1709. Llygrwyd y ffynhonnau gan syniadau rhamantaidd a di-sail Rowland Jones, Iolo Morganwg, W.O.Pughe ac eraill. Ond dwysäwyd pethau ddengwaith gan effeithiau'r Llyfrau Gleision a bu, nid yn unig ddirywiad iaith ac arddull ond hefyd, oherwydd anwybodaeth o'r etifeddiaeth lenyddol, ddirywiad yng nghynnwys yr hyn a sgrifennid. Gwelir hyn yn arbennig eto ym marddoniaeth y ganrif, y pryddestau a'r arwrgerddi maith sydd, gymaint ohonynt, wedi eu sylfaenu ar y math o feirniadaeth lenyddol-athronyddol a sgrifennid gan Lewis Edwards ac sydd, o'r herwydd, yn methu'n lân â chyfleu gwrthrych syml fel blodyn, dyweder, neu gwpan de ond yn hytrach, haniaeth o'r pethau hyn; rhyw Idea platonaidd nad yw'n bod. Ond am fy mod wedi trafod hyn mewn mannau eraill, ni fynnaf ddilyn y mater ymhellach yma.

Yn awr, hyd yma 'rwyf wedi sôn am bethau sy'n rhan o hanes y bedwaredd ganrif ar bymtheg ond sydd hefyd yn rhan o'r byd y magwyd ac y bu Emrys ap Iwan fyw ynddo. Heb wybod am y byd hwn a gwybod yn llawer llawnach amdano nag y gallaf i hyd yn oed ei amlinellu yma, ni allwn iawn amgyffred gŵr mor gwbl eithriadol a chwbl unig oedd Emrys ap Iwan. Ef, yn anad neb arall, yw'r beirniad yn Philistia.

Prin bod angen imi eich atgoffa am y pethau neilltuol yn ei gymeriad. Cafodd addysg uwchradd yng Ngholeg y Bala ond ar ôl hynny, mynnodd fynd i'r Swistir i ddysgu Ffrangeg ac Almaeneg; mwy na hynny, dysgu ffordd Ffrancwyr ac Almaenwyr o edrych ar Brydain. Treuliodd ddwy flynedd ar y Cyfandir ac yn ystod ei oes wedyn, treuliodd lawer o'i wyliau yno. Hyn a roes iddo'r gwrthrychedd hwnnw wrth farnu Lloegr a Chymru nad oedd gan ddim un Cymro arall mohono yn ei oes ei hun, hyd y gwn. Ar ei ôl, ymhen llawer blwyddyn, daeth eraill - Ambrose Bebb, Saunders Lewis, i enwi dau bur amlwg. Ond ym 1880, dyweder, yr oedd cael Cymro a allai beidio â derbyn syniadau Lloegr amdani ei hunan a gweld Cymru a Lloegr trwy lygad tramorwr a oedd, yr un pryd, yn Gymro, yn beth cwbl newydd na chawsid mohono, debygwn i, ers canrifoedd.

Ond er pwysiced oedd dysgu gwrthrychedd barn, rhaid oedd ymddisgyblu i'w mynegi. Er na wn i ddim pa bryd, mae'n rhaid bod Emrys ap Iwan wedi dechrau astudio'r clasuron Cymraeg yn lled gynnar ar ei oes, heb sôn, wrth gwrs, am glasuron Ffrainc a Lloegr. Rhagflaenydd rhamantiaeth yn Ewrop a Phrydain oedd y Mudiad Beirniadol, mudiad sy'n cynnwys y Seiclopaedwyr a'r rhesymolwyr yn Ffrainc a beirniaid ac athronwyr cymdeithas megis John Locke yn Lloegr. Perthyn i'r un mudiad neu'r llanw hwn y mae Ellis Wynne, canys dyna yw ei *Weledigaetheu,* — gŵr o'r byd hwn yn teithio i fyd arall ac yno yn gweld diffygion a cholliannau trigolion daear. Mabwysiadwyd yr un dull yn Saesneg, i bob pwrpas, gan Oliver Goldsmith a'r Deon Swift yntau yn ei *Gulliver's Travels.* A dyma'r dull a gymerth Emrys ap Iwan yn ei *Lythyrau Alltud.* Cyhoeddwyd y rhain yn *Y Faner* uwchben y ffugenw Emrij van Jan. Dywedir wrthym mai gŵr ifanc o Fflandrys yw van Jan a'i fod ar ymweliad gweddol hir â Chymru, gwlad sy'n newydd iddo, ac yn sgrifennu llythyrau adref at ei dad. Yn y llythyrau hyn mae'n disgrifio'r Cymry a'u gwlad trwy lygad gŵr sy'n byw o'r tu allan i Brydain ac yn annibynnol arni hi a'i moesau. Dywed fod ei dad wedi gorchymyn iddo beidio â sôn am y bobl nes y byddai wedi dysgu eu hiaith, cyngor, meddai, y dylid ei orchymyn yn Saesneg, ''er mwyn y praidd a arweinir gan y bugeiliaid Cook o westy i westy ar draws y Cyfandir''. Bellach, mae van Jan wedi dysgu'r Gymraeg yn bur drylwyr ac â ymlaen i sylwi ar rai o arferion a syniadau od y Cymry. Un peth yw eu Sais-addoliaeth diréswm, a'r fath drueni yw hynny canys cenedl dwp, meddai, yw'r Saeson, am fwy nag un rheswm:

> (1) Nid yw'r Saeson eto wedi ymddyrchafu digon i deimlo ei bod yn werth iddynt ddysgu dim na fyddo yn elw ariannol iddynt.
> (2) Y maent yn chwannog i alw pob iaith na fedrant hwy mo'i dysgu yn iaith farbaraidd.

Llanc hynod sylwgar yw van Jan ac mae ganddo lawer i'w ddweud am ffolinebau ieithyddol y Cymry megis, er enghraifft, y ffordd y maent yn llygru enwau priod Cymraeg fel Mari, Cadi, Gras, Siân trwy eu seisnigo yn Meri, Cêt, Grês a Jên etc: a meddwl eu bod yn swnio'n llawer mwy urddasol felly. Ond nid iaith yw ei unig ddiddordeb; mae ganddo feirniadaeth dra diddorol sydd, a gaf i ddweud, yn dra pherthnasol i ni heddiw ar gerddoriaeth y Cymro. I'r sawl sy'n meddwi ar ganu pop, gwych fyddai myfyrio uwchben y geiriau hyn:

Diau y buasai'r Cymry yn genedl amgenach o lawer pe buasent yn llai cerddgar, neu o leiaf pe buasent yn ymhoffi llai mewn tonau lleddf. Yr wyf i'n credu bod Platon yn llygad ei le pan ddywedodd fod cerddoriaeth gwynfannus, alarllyd yn anŵreiddio dynion, ac felly eu hanghymwyso i fod yn aelodau o wladwriaeth berffaith. Rhaid imi addef y bydd alawon a genir mewn addoldai Cymraeg yn fy meddwi â'u swyn, ond wedi'r elwyf adref, a sobri, a dechrau fy chwilio fy hun, byddaf yn canfod, er fy ngofid, fy mod wedi llesgau a masweiddio, gorff ac ysbryd. Nid yw dyn byth mor alluog i wrthsefyll temtasiwn a phan fyddo'n mynd allan o addoldy Protestanaidd neu Babyddol ar ôl bod yn gwrando cerddoriaeth synhwyrus. Er hynny, y mae'n debygol mai'r pryd hwnnw y bydd ef yn ei deimlo ei hun yn fwyaf crefyddol.

Ni all dyn beidio â meddwl am emyn-donau fel "Y Delyn Aur" neu "Aberystwyth" a'u tebyg, tonau sy'n adlewyrchu dismaldod canrif a ridyllid gan y pla gwyn a phobl yn marw'n ieuainc. Un o'r pethau rhyfeddaf a mwyaf gwrthun a welodd van Jan, medd ef, oedd Byddin yr Iachawdwriaeth:

Ni allasai'r cyfryw fyddin gyfodi ond mewn gwlad ag ynddi gymysgedd o anwybodaeth, a ffolineb, o afledneisrwydd ac o ysbryd milwrol. Cais yr aelodau ddychrynu'r diafol â ffyn a phedyll a chanant i Grist fel pe canent i ymgeisydd seneddol.

Pethau eraill gwrthun a welai oedd yr addysg ddiwerth a roddid i enethod y rhai da eu byd, addysg Saesneg y west-ysgol, fel y geilw ef y lle. Nid dysgu gwaith tŷ a wnânt ar ôl dod adre ond "chwarae ar y piano, i ganu 'Beautiful Star' ac i frodio antimaccasars"! Yr un mor wrthun hefyd yw eithafion dirwestol y capeli lle y gweinyddid y Cymun gyda "gwin anfeddwol" yn lle'r gwin gwirioneddol y mae'r Testament Newydd yn sôn amdano. Ac am y Suliau, "Nid yw'n ddim" meddai, "gan wŷr a gwragedd aros gartref i gysgu tan bwys y cinio hwnnw tan amser te. Yng Nghymru, cyfrifir bolera, cysgu, neu ymgecru yn llai o drosedd Sabothol na myned allan o greadigaeth gyfyng y saer maen i rodio'n llon yn awyr a than heulwen Duw".

Mor debyg yw'r llythyrau hyn i *Weledigaeth Cwrs y Byd* Ellis Wynne. Gwir, mae ef yn taro'n drymach, yn fwy cras, ac yn difrïo a difenwi yn

9

amlach nag y mae'n dychan fel y mae van Jan. Ond yr un wên sardonig, frathog sydd y tu ôl i waith y ddau:

Beth yw Teiliwr a ddŵg ddarn o frethyn wrth ŵr mawr a ddŵg allan o'r mynydd ddarn o blwy? . . . Beth yw dwyn dyrnaid o flawd yn y Felin wrth ddwyn cant o hobeidiau i bydru, i gael wedyn werthu un am bris pedwar?

ebe Ellis Wynne; ac onid yw'r sylw hwn, wrth gofio "mynyddoedd" bwydydd y Gymuned Ewropeaidd mor berthnasol heddiw ag ydoedd agos i dri chan mlynedd yn ôl?

Ac yma, efallai, yw'r man i droi at y materion trymach y bu Emrys ap Iwan yn eu trin. Soniais am Ellis Wynne. Un o'r penodau pwysicaf a sgrifennodd Emrys ap Iwan yw'r un a draddododd fel darlith ym 1893 ar y Clasuron Cymraeg. Yma, fe droes ei sylw at "brif awduron a chyfieithwyr y ddwy oes o'r blaen, sef yr eilfed a'r drydedd ar bymtheg (sic), y rhai, a siarad yn grwn, sy'n cynnwys y cyfnod rhwng y Diwygiad Protestanaidd a'r Diwygiad Methodistaidd". Soniais uchod am ddirywiad ansawdd sgrifennu Cymraeg yn y ganrif ddiwethaf a'r modd yr oedd yn prysur droi yn rhyw fath o Saesneg wedi ei gyfieithu i Gymraeg. Mae'n sicr mai gweld hyn, gweld anwybodaeth cynyddol ei oes ei hun o beth oedd Cymraeg pur a phriodol a ysgogodd Emrys i wneud hyn. Yn wir, ym 1889, bedair blynedd *cyn* traddodi ei ddarlith, bu'n "Plicio Gwallt yr Hanner Cymry" yn *Y Geninen,* sef galw sylw at Gymraeg gwael y dydd a chywiro peth arno pan sgrifennid erthylod fel:

Dylai gael ei alw i gyfrif (yn lle "dylid ei geryddu")
Y mae hyn yn fater o ffaith (yn lle "y mae hyn yn wirionedd sicr")
Am y presennol (yn lle "ar hyn o bryd")

ac ugeiniau lawer o rai tebyg. Yn wir, da fyddai i bob Cyngor Addysg sicrhau bod copi o'r bennod hon wedi ei hargraffu yn fras ac amlwg a'i gosod ar fur pob ysgol a choleg — a phob swyddfa bapur newydd Cymraeg hefyd! I Emrys, arwydd digamsyniol oedd hyn o'r dirywiad *cenhedlig* a oedd yn prysur ddigwydd i Gymru yn ei ganrif ef, ac yn arbennig ar ôl 1847, nid yn unig i iaith y genedl ond hefyd i'w bywyd cyffredinol.

Sut y gellid adfer a dysgu safonau gwell? Dim ond un ffordd a oedd amdani, ffordd pob dadeni erioed, sef chwilio am enghreifftiau o Gymraeg ar ei gorau, troi at weithiau meistri'r iaith a'u hastudio a'u derbyn yn ganllawiau i bob ymdrech lenyddol. Aeth Emrys yn ôl at *Weledigaetheu'r Bardd Cwsg,* gwaith Morgan Llwyd, Charles Edwards, Edward James, Morris Cyffin a rhai awduron eraill llai amlwg. Dyma, meddai, batrymau o iaith ac arddull sy'n ddiogel ac yn gampus; dyma'r patrymau a ddylai fod yn sylfeini i ni heddiw.

Yn awr, eu trafod fel enghreifftiau o gelfyddyd y llenor y mae, ac am ddim a wn i yn amgenach, yr oedd hyn yn beth newydd yn ei ddydd. Nid oedd yr awduron a ddewisodd yn anhysbys i rai darllenwyr; bu Lewis Edwards yn trafod Morgan Llwyd, ond trafod ei waith a'i syniadau y mae ef. Bu beirniaid eraill megis Creuddynfab, Cynfaen, Eben Fardd ac eraill yn trafod diben a natur llenyddiaeth a barddoniaeth ond trafod ystyr, trafod y deunydd, gosod dosbarthiad athronyddol ar lenyddiaeth y maent hwy i gyd. Mae eu beirniadaeth, o'r herwydd, yn esgeuluso celfyddyd a chrefft sgrifennu a phrydyddu yn gyfangwbl a ffrwyth y math yma o feirniadaeth oedd tri chwarter canrif o'r farddoniaeth — 'waeth beth am ryddiaith — fwyaf di-grefft a diflas yn holl hanes ein llenyddiaeth, deunydd nad oes neb heddiw yn ei ddarllen ond i bwrpas sgrifennu traethodau am raddau uwch y brifysgol a hynny ddim ond ar ryw adeg pan yw testunau i draethodau felly yn digwydd bod yn brin a gwaelod y celwrn yn y golwg!

Yr hyn a wna Emrys yw cyfeirio sylw at grefft y clasuron; nid yn unig ac nid yn gymaint eu cynnwys. Er enghraifft, fe wêl na ellir derbyn Theophilus Evans fel hanesydd bellach os mai ystyr hanes yw manylder a sicrwydd gwybodaeth o ffeithiau a dawn ddadansoddol i weld tueddiadau a symudiadau o gyfnod i gyfnod. Ond nid yw hyn yn mennu dim ar werth *Drych y Prif Oesoedd.* ''Y mae'n wir'', meddai, ''ei fod ef mor hygoelus fel nad ydys mwyach yn ei gyfrif yn hanesydd da, ond yr ydys eto'n mawrygu ei allu llenyddol gymaint ag yn amser ein teidiau''. Y ''gallu llenyddol'' hwn sy'n bwysig ac yn barhaol:

> Yn ei feistrolaeth ar eiriau a phriodebion, nid yw Theophilus Evans yn ail i neb; . . . Eithr nid er mwyn ei Gymraeg yn unig y dylid astudio'r awdur hwn, ond hefyd oblegid ei fawr ddawn, sydd bob amser yn ffrydio mor ddiymdrech â dwfr o ffynnon. Y mae ganddo agos cymaint o allu i adrodd, neu yn hytrach i chwedleua, ag sy gan awduron y Mabinogion, ac yn ei ddawn i ddarlunio, y mae o'n rhagori ar bob awdur Cymraeg.

Ni allaf ddyfynnu gormod yma o feirniadaeth Emrys, ond efallai y goddefir imi gynnwys un paragraff arall er mwyn dangos ei natur dechnegol fanwl. Sôn y mae am waith Charles Edwards — *Y Ffydd Ddiffuant:*

Eithr un peth yn unig sy'n peri bod bai ar Gymraeg Charles Edwards, sef ei waith yn arfer rhagenwau lle nad oes mo'u heisiau; a'r hyn sydd waeth na hynny, yn peidio a'u harfer lle y mae eu heisiau. Yn y dernyn a ddyfynnwyd y mae o'n dywedyd "wrtho ef", "ato ef", "ei asen ef", pan fuasai'n ddigon iddo arfer *ef* ar ôl y gair "asen" yn unig; ond nid yw o'n arfer nac enw na rhagenw gyda'r berfau diberson *cawsai* ac *ymgiliodd*, fel na aller deall yn hawdd pa un ai dyn ynteu dynes, ai person ynteu peth, yw sylfon (subject) y ddwy ferf. Heblaw ei fod wrth beidio ag arfer rhagenw gyda chyfryw ferf yn tywyllu'r ystyr, y mae hefyd yn gwneud aelodau brawddeg yn fwy ysgaredig ac afrywiog; canys y mae rhagenwau ar unwaith yn clymu ymadroddion, ac yn meddalu llythrennau celyd. Er engh: y mae'r frawddeg "Pan ddaeth o'n agos, hi a gyfarchodd well iddo", yn eglurach, yn llyfnach, ac yn fwy cysylltiedig na'r frawddeg, "Pan ddaeth yn agos, cyfarchodd well iddo".

Petai wedi dymuno, gallasai Emrys fod wedi sgrifennu cyfrol ar arddull, ieithwedd a geirfa'r llenor Cymraeg a thrwy hynny, lanhau'n drylwyr arddull ddirywiedig ei ganrif yn yr un modd ag y goleuwyd ac y glanhawyd gramadeg a chystrawen yr iaith gan Syr John Morris-Jones yn ei ramadegau ef ym 1913 a 1931. Hyd heddiw, nid oes gennym ddim byd tebyg i waith Fowler, *Modern English Usage*, ond gallasai Emrys fod wedi ei roi inni.

Temtir dyn i aros gyda'i sylwadau ar lenyddiaeth a rhyfeddu atynt. Sylw tra diddorol — a chwbl annisgwyl yn Gymraeg yn ei oes ei hun — yw hwn:

. . .nid oes a wnelo llenyddiaeth bur fwy â moesoldeb nag sydd a wnelo *pure mathematics* ag ef. Yng ngolwg y llenor, llenyddiaeth gain yn unig sy'n llenoriaeth bur.

Yn niwedd y ganrif ddiwethaf, yn arbennig o'r wythdegau diweddar ymlaen hyd ddechrau'r ganrif hon, bu adwaith mawr yn Lloegr yn erbyn natur llenyddiaeth fictoraidd. Dichon y gellir dal mai Walter Pater oedd apostol cynnar y newid, ond ei effaith fu tanlinellu'r wedd gelfyddydol, esthetig, i ryddiaith a barddoniaeth; dysgu mai celfyddyd yw llenyddiaeth yn y lle cyntaf ac nid llawforwyn i foesoldeb neu grefydd, neu wleidyddiaeth neu gymdeithaseg na dim byd tebyg. Nid oes a wnelo'r beirniad llenyddol nemor ddim ag ystyried traethiadau o'r fath; os yw llenyddiaeth yn dda y mae felly oherwydd ei chelfyddwaith, ei hartistri ac o dderbyn yr egwyddor hon fe welir ar unwaith hollbwysigrwydd iaith ac arddull i'r llenor a'r bardd. Yn Gymraeg, ni ellir ond arddull ac iaith sy'n perthyn i'r Gymraeg ac ofer hollol yw sôn y gellir *cyfleu* yr hyn sy'n Gymraeg trwy gyfrwng iaith arall. Hyn, wrth gwrs, yw'r ddadl fwyaf i gyd dros barhad yr iaith Gymraeg, a phob iaith, o ran hynny. Artist yw llenor a bardd ac iaith yw ei ddeunydd. Yn awr, mi gredaf mai fel hyn y meddyliai Emrys ap Iwan am y llenor a llenyddiaeth ac yr oedd traethu barn fel hyn a'i gweithredu yn beth cwbl newydd yn ei ddydd yng Nghymru. Trwy ddihatru swyddogaeth y llenor a'r bardd oddi wrth swydd y pregethwr a'r moesolwr, yr athronydd a'r diwinydd fe lwyddodd Emrys i atgyfeirio beirniadaeth lenyddol yng Nghymru a chynnig, yr un pryd, y cyfiawnhad mwyaf pwerus posibl dros fodolaeth a pharhad yr iaith. Yn ei feirniadaeth, yr oedd yn rhagflaenydd i'r dadeni llenyddol a gawsom ar ddechrau'r ganrif hon, y toriad mawr rhwng safonau yr hen ganrif a'r ugeinfed; rhwng tryblith di-lun a di-grefft y "bardd newydd", gwegi'r awdlau a'r pryddestau eisteddfodol ar un llaw a chanu T.Gwynn Jones, John Morris-Jones a W.J. Gruffydd a rhyddiaith E. Morgan Humphreys, T.H.Parry-Williams, Kate Roberts ac eraill ar y llaw arall. Gwaetha' modd, bu Emrys farw cyn gweld llawnder y cynhaeaf yr oedd ei feirniadaeth ef wedi ei gonsurio.

Eto, wrth ddarllen ei waith, fe welwn nad digon yw meddwl amdano fel beirniad llenyddol yn unig nac, efallai, yn bennaf. Soniais ar y dechrau am ehangder ac amlochredd ei ddiddordebau ac oherwydd hyn rhaid inni ei alw yn feirniad diwylliant. Mae gan bob gwir feirniad felly un nod amgen a hynny yw cysondeb dadansoddiad a gweledigaeth; mae yna sylfaen bendant, gyffredin o dan holl amrywiaeth ei bynciau a'r ffordd y mae'n gweld y pynciau hynny ac yn eu beirniadu. Fel hyn: i Emrys, yr oedd dirywiad idiom ac arddull Gymraeg yn gysylltiedig â dirywiad yr ymwybod o genedligrwydd; â seisnictod y cyfryngau diwylliant — ysgolion, colegau, pulpudau, eisteddfod; â bywyd teuluol a chymdeithasol y dosbarth canol Cymraeg a'r modd y dibynnent ar ffasiynau'r un un dosbarth yn Lloegr, hyd yn oed ffasiynau gwisgo a dodrefnu tŷ. Erbyn heddiw, mae pethau wedi newid digon yng Nghymru Gymraeg gobeithio, fel mai anodd yw credu'r fath waseidd-dra a'r fath sais-addoliaeth a oedd yn nychu'r Cymry gan mlynedd yn ôl a llai.

Ond beth, medd rhywun, am y deffro cenedlaethol a flodeuodd ym mudiad Cymru Fydd yn y nawdegau? Onid yw cylchgronau fel *Cymru Fydd, Wales, Young Wales* a rhai eraill o'r un cyfnod yn arwyddo bod rhyw sŵn ym mrig y morwydd? Beth am y gri am Ddatgysylltiad, ysgolion uwchradd, Comisiwn y Tir a hefyd, yn y man, y galw am Ymreolaeth? Oedd, ar un wedd yr oedd mwy o sôn am faterion Cymreig a hyd yn oed sôn uchel, beth bynnag am gyffredinol, am ryw fath o ymreolaeth i Gymru ymhlith Rhyddfrydwyr Cymru ym 1892, dyweder, nag ymhlith Llafurwyr a Sosialwyr 1979. Ond o 1896 ymlaen, diflannu'n sydyn a wnaeth y sôn ar wahân i ddal i gnoi hen asgwrn Datgysylltiad. Nid dyma'r lle i fanylu ar hanes mudiad Cymru Fydd ond rhaid nodi un neu ddau o bethau yn ei gylch petai ond am y rheswm nad oedd gan Emrys nemor ddim i'w ddweud wrtho na ffydd ynddo.

O 1868 ymlaen — i nodi dyddiad hwylus — bu ymysgwyd gwleidyddol yng Nghymru ac erbyn diwedd y ganrif yr oedd nifer o faterion gwleidyddol yn mynnu sylw y tybid eu bod, gyda'i gilydd, yn fwy penodol Gymreig na rhai eraill a berthynai i Brydain fel y cyfryw. 'Rwyf eisoes wedi nodi rhai ohonynt megis Datgysylltiad yr Eglwys Wladol, Addysg a Dirwest; mater arall a fu'n boendod i'r gwladwr o Gymro hefyd oedd hawliau tenant ac amodau dal tir. Y materion hyn a roes fod i Fudiad Cymru Fydd ymhlith aelodau seneddol Rhyddfrydol Cymru ac *am* eu bod yn faterion arbennig i Gymru a bod rhai materion tebyg yn peri i'r Gwyddelod hawlio ymreolaeth ar y pryd, fe benderfynodd rhai Rhyddfrydwyr Cymreig blaenllaw y dylid, ac y gellid hawlio ymreolaeth neu hunanlywodraeth i Gymru hefyd.

Methiant fu'r Mudiad a'r rheswm gwaelodol am hynny oedd na wyddai'r Cymry — yn wahanol iawn i'r Gwyddelod — paham yr oeddynt yn genedl. Materion *amgylchiadol,* nid pethau cenhedlig oedd y rhai a nodais; unwaith y byddid wedi eu setlo, dyna ben arnynt; peth economaidd ac nid peth cenhedlig oedd cwestiwn y tir. Ond i hawlio ymreolaeth ac annibyniaeth i genedl, rhaid oedd i'r sylfaen fod yn un barhaol a dwfn; nid oherwydd ei heconomeg a threfn ei diwydiant ac ati nac ychwaith oherwydd ei chyfundrefn addysg y mae gwlad a phobl yn genedl.

Hyn oedd un o brif weledigaethau O.M. Edwards; hyn a'i gyrrodd i gefnu ar y cylchgrawn *Cymru Fydd* ac, ym 1891, cychwyn y *Cymru* ''coch'', ei gylchgrawn ei hun. Heb wybod ei hanes, heb adnabod ei hetifeddiaeth ysbrydol a llenyddol ni *all* cenedl fod yn genedl; ni all fod yn genedl ychwaith ond yn ei chornel ddaearyddol ei hun o'r byd. Ond mwy na dim, nid yw'n genedl heb wybod ei phriod iaith, canys yn honno y traethwyd ei hetifeddiaeth. Nid Sais heb Chaucer a Langland, nid Cymru heb Ddafydd ap Gwilym a Siôn Cent. Y peth cyntaf a wnaeth O.M.Edwards yn y *Cymru* oedd sgrifennu, o fis i fis, hanes Cymru a hanes ei llenyddiaeth o'r cychwyn cyntaf ac nid hynny'n unig ond hefyd rhoi trefn a dehongliad i'r hanes hwnnw — dehongliad rhyddfrydol.

14

Ond nid gwleidydd oedd O.M.E. ac nid yw'n mynd i'r afael â beirniadaeth wleidyddol gyfoes nemor fyth braidd. Hyn yw'r gwahaniaeth mawr rhyngddo ef ac Emrys. Bu'r ddau yn hir grwydro'r Cyfandir ond yn ei agwedd at Loegr a llywodraeth Prydain, ni lwyddodd O.M.E. i fagu'r gwrthrychedd oer dadansoddol sydd gan Emrys; nid yw byth yn gweld Lloegr fel tramorwr.

Gwelodd Emrys yn gynnar mai twyllodrus yw enwau'r pleidiau gwleidyddol Seisnig. Ym 1885, sgrifennodd yn *Y Geninen* a dal, ymhlith pethau eraill, mai ffurf-lywodraeth "gyfundodol" (ffederal) yw'r amddiffyniad gorau rhag gorganoli awdurdod, ac meddai:

> Gan Sosialiaid, Radicaliaid a Thoriaid yn unig, y mae achos i ddywedyd yn ei erbyn, canys y mae y tair plaid eithafol hyn, er yn dra gwahanol i olwg y cyffredin, yn ymgyfarfod yn y pellder, ac yn cydweithio â'i gilydd, o wybod neu anwybod, i ddileu rhyddid personol, a rhyddid cenhedlig, a phob peth sydd fwyaf gwerthfawr, oddi ar wyneb y ddaear. Er maint yr ymdderu sy rhwng y tair plaid, Toriaid ydyw pob un ohonynt.

Sôn y mae am y pleidiau yng Nghymru a gweld mai gwahaniaethau afreal yn y pen-draw yw galw un garfan yn geidwadwyr a'r llall yn rhyddfrydwyr. Gwedd ar naturiaeth pawb yw hyn:

> Nid oes neb yn ddyn cymesur os na bydd o ar yr un pryd yn Geidwadol ac yn Rhyddfrydol . . . ond paham, yn enw rheswm, y mae y rhai hyn a'r rhai acw yn ymwahanu . . . a hwythau oll fel ei gilydd yn gwneud eu gorau i gadw'r byd yn ei le? Paham nad ymunant oll yn blaid Gymreig, fel y caffo'r Rhyddfrydwyr gyfleustra i ddangos eu Rhyddfrydiaeth trwy fwrw ymaith yr iau a osodwyd arnom gan estroniaid; ac fel y caffo'r Ceidwadwyr hwythau gyfleusdra i ddangos eu Ceidwadaeth trwy gadw'r Gymraeg, a phob peth hen a gwerthfawr arall a berchid gan y Cymry gynt? Y mae arnom ni, bleidwyr Ymreolaeth, eisiau Rhyddfrydwyr ac y mae arnom eisiau Ceidwadwyr hefyd.

Wrth reswm, y tu mewn i lywodraeth Gymreig y golygir i hyn fod. Nid Torïaeth a Rhyddfrydiaeth y Sais yn Lloegr a olygir gan Emrys, canys am y rheini, meddai: "mae'r amser wedi dyfod i ddinistrio y pleidiau Seisnig-Ysgottig yng Nghymru, ac i godi ar eu hadfeilion, blaid newydd a gwell".

Camder gwleidyddiaeth a gwleidyddion Cymru yw mai yn Lloegr y mae eu hangor; pleidiau Lloegr sy'n bwysig yn eu golwg. Ac ni ddaw dim o hynny. Yn hytrach:

Boed hysbys ynteu mai Cymro Cymreig yw pob Cymro sy'n credu ac yn cyffesu mai cadw Cymry yn Gymreig o ran iaith ac ysbryd yw'r pwnc pwysicaf o bob pwnc gwleidyddol. Yn ei olwg ef, cadw'r Gymraeg yn fyw ac yn iach yw'r unig Geidwadaeth y mae'n weddus i'r Cymry ymegnio i'w hamddiffyn, a rhyddhau'r Dywysogaeth oddi wrth yr ormes Seisnig sy'n ei gwneud hi'n gadlas chwarae ac yn grochan golchi i bobl anghyfiaith ac anghyweithas ydyw'r unig Ryddfrydiaeth y mae'n wiw i'r Cymry ymladd drosti.

Nid oes un diben i fodolaeth Cymru sy'n ddigymraeg. Hyn yw'r argyhoeddiad sy'n rhoi cysondeb i bopeth a ddywed Emrys ap Iwan, 'waeth ym mhle nac ar ba ffurf y bo'r dweud. Meddai eto:

I ni, y Gymraeg yw'r unig wrthglawdd rhyngom a diddymdra, ac y mae'r sawl a dorro'r gwrthglawdd hwnnw, trwy barablu iaith ein gorchfygwr heb raid nac achos yn euog o ddibrisdod sy'n dangos eu bod wedi colli pob parch iddynt eu hunain; a phan beidio dyn â pharchu ei hun y mae hwnnw i bob perwyl wedi peidio â bod.

Tybed a ydym, hyd yn oed heddiw, yn sylweddoli'n llawn yr oblygiadau sydd yn y paragraff yna? Colli hunandod *yw* colli iaith ac onid ydym yn gweld hyn yn digwydd? Meddylier am ffaith fel hyn: serch bod mwyafrif llethol poblogaeth Cymru bellach yn ddigymraeg, nid oes dim un cylchgrawn Saesneg neu Eingl-Gymraeg wedi llwyddo i ddenu cylchrediad o fwy nag ychydig gannoedd — ymhlith dwy filiwn! Gellid nodi enghreifftiau tebyg lle y mae colli iaith ac annibyniaeth yn arwain i ddirywiad diwylliannol a moesol. Yn y cyswllt hwn, goddefer imi ddyfynnu, nid o erthyglau Emrys ap Iwan, ond o lyfr Simone Weil a gyhoeddwyd gyntaf yn Ffrainc ym 1949. Ei deitl ydyw ''Ymwreiddio'' a thrafod hollbwysigrwydd gwreiddiau i ddynoliaeth yw ei neges. Fel y gwyddom i gyd, mae ein cefndryd yn Llydaw o dan lywodraeth y Ffrancwyr, llywodraeth dra gormesol, ac am y Llydawyr, fe ddywed Simone Weil:

Mae trysorau cudd yn y bobl hyn na welsant erioed oleuni dydd. Nid yw diwylliant Ffrengig yn gweddu iddynt; ni all eu diwylliant hwythau flaguro; o'r herwydd, fe'u hystyrir fel rhai'n perthyn i waelod isaf y dosbarth cymdeithasol mwyaf cyffredin; felly hefyd, yn ôl a ddywedir, Llydawesau yw cyfran helaeth o buteiniaid Paris. Yn sicr, buasai Emrys ap Iwan yn cytuno bod y Ffrances hon wedi dweud yr union beth a ddywedasai ef.

Wrth drafod gwleidyddiaeth, efallai mai un o'r pethau mwyaf treiddgar a ddywedodd Emrys yw bod angen ceidwadaeth a rhyddfrydiaeth fel cyneddfau nid yn unig mewn cenedl ond ymhob unigolyn. Dwy elfen sy'n rhan o gymeriad dyn ydynt yn y pen draw, sef yr awydd neu'r reddf i gadw rhywbeth a'i ddiogelu i'r dyfodol, a'r awydd i newid pethau a chreu rhai newydd. Genhedlaeth yn ddiweddarach, yr oedd Saunders Lewis i ddatblygu'r un thema yn union mewn anerchiad nodedig yn Llandrindod ym mis Awst, 1923. O'r adeg y datblygodd diddordeb a gweithredu gwleidyddol gan werin Cymru, bu'r pwyslais yn gyson ar newid pethau. Nid nad oedd mawr angen hynny mewn sawl cyfeiriad ond pan gymhwysid yr un polisi at iaith a chrefydd a cheisio seisnigeiddio'r rheini yn enw cynnydd blaengarol, yr oedd gwreiddiau bodolaeth a hunandod dyn a chenedl mewn perygl. ''Toriaid hyd i fêr eu hesgyrn ydyw corff mawr y genedl Seisnig mewn materion cenhedlig'', ebe Emrys. A hyn yw eu nerth, a'r geidwadaeth gwbl gyndyn yma a oedd ar goll yng ngwleidyddiaeth Cymro o ganol y ganrif ymlaen. Unig ystyr ceidwadaeth i Fudiad Cymru Fydd, dyweder, oedd Torïaeth Lloegr ac nid oedd — ac nid oes — a wnelo hwnnw un dim â'n bodolaeth a'n hetifeddiaeth *genhedlig* ni mwy nag sydd a wnelo ag etifeddiaeth unrhyw genedl arall. Gweld hyn a barodd i Emrys ddweud:

> Mewn gwirionedd, dwy blaid wleidyddol a ddylai fod yng Nghymru hyd oni chaffo hi ei hawliau cenhedlig, sef Plaid Gymreig a Phlaid Wrth-Gymreig a gwneuthur y blaid olaf yn wannach wannach a ddylai fod ein hymgais pennaf.

Nid rhyfedd i weithiau a syniadau Emrys fod yn gymaint o ddarganfyddiad ac o ddylanwad ar Saunders Lewis ymhen tuag ugain mlynedd ar ôl ei farw. Yn ei draethiad gwleidyddol cyntaf, a phwysicaf, manylu ar syniadau Emrys a'u datblygu y mae:

> Sylfeini gwareiddiad yw traddodiad, cysylltiadau lleol, atgofion am orffennol sy'n cysylltu dynion â'i gilydd ac yn eu gwneuthur yn genedl . . . Dinistrio atgof, dinistrio cenedl, dinistrio gwareiddiad yw amcanion y Blaid Lafur, a dyma'r blaid sy'n ffynnu heddiw yng Nghymru.
>
> *(Y Faner. 1923)*

Gwir, ni wyddai Emrys am y Blaid Lafur ac am ei chynnydd tra chyflym trwy rannau helaeth o Gymru. Yr hyn a oedd yn cyfateb iddi yn ei ddydd ef oedd y blaid Ryddfrydol ond yr un peth â geiriau Saunders Lewis a ddywedasai yntau am honno; plaid newid a bwrw ymaith y cerrig sylfaen oedd hi. Dyma S.L. eto yn dilyn yr un trywydd:

> Enw arall yw ceidwadaeth ar genedlaetholdeb. Y mae cenedlaetholdeb a cheidwadaeth yn eu hanfodion yn un. Cenedlatholwyr Lloegr yw'r Blaid Geidwadol Seisnig . . . Sylfaenydd y blaid Geidwadol oedd Burke, ac mewn adwaith yn erbyn y Chwyldroad Ffrengig y lluniwyd egwyddorion ceidwadaeth . . . Ac egwyddor gyntaf ceidwadaeth yw ymwrthod â phob chwyldroad, cadw llinyn bywyd cymdeithas yn gyfan a di-dor, parchu yn fwy na dim arall mewn bywyd draddodiadau'r genedl.

Gallem ddyfynnu rhagor i'r un perwyl ond dyna ddigon, mi gredaf, ichwi glywed llais Emrys yn llefaru trwy eiriau Saunders Lewis. Nid oedd cenhedlaeth y naill na'r llall ohonynt yn deall eu cenadwri mwy na'r genhedlaeth sydd ohoni heddiw mewn grym ac awdurdod ar ein cynghorau cyhoeddus. Yn sicr, un rheswm am arafwch twf y Blaid Genedlaethol (Plaid Cymru wedyn) o 1925 ymlaen oedd diffyg iawn ddeall pwysigrwydd canolog ceidwadaeth, ceidwadaeth Gymreig, yn mywyd a dyfodol y genedl. O oes i oes ac yn hanes pob gwlad, mae galw am newid trefn pethau ond pwysicach na dim yw gwybod *sut* i'w newid fel na bo hynny yn treisio hunandod ac yn difetha cymeriad ac etifeddiaeth gwlad ac ardal. Y difetha hwn oedd prif argymhelliad y Llyfrau Gleision a Deddf Addysg Foster wedyn ym 1870. Ni ellir disgrifio'r polisi a greodd y *Welsh Not* ond gyda'r gair Saesneg nad oes un Cymraeg yn cyfateb iddo; hwnnw yw "evil".

Edmygai Emrys y Gwyddelod a bu'n gefnogydd brwd i'w hymgyrch am hunan-lywodraeth. Ymgyrch gyfansoddiadol oedd honno o dan arweiniad Parnell y pryd hynny a'i nod oedd sicrhau Ymreolaeth yn hytrach nag annibyniaeth, sefydlu senedd ffederal yn Nulyn i ddeddfu ar faterion Gwyddelig yn unig ond nid i drafod materion fel heddwch a rhyfel, y lluoedd arfog a'r trethiant angenrheidiol i dalu am hyn. Dyma'r math o senedd a ragwelai Emrys i Gymru hefyd, hawl i reoli ei materion ei hun:

> . . . wrth ddewis tir canol yr wyf yn gosod fy hun gyda'r blaid fwyaf rhesymol ac ymarferol, am fy mod wrth ddadlau dros Ymreolaeth i Gymru yn dadlau dros gymaint o ryddid a phob cyfiawnder arall ag sy gyraeddadwy iddi. Y mae y ffaith nad yw Cymru ond rhan

fechan o ynys yn peri na byddai'n fuddiol iddi fod yn deyrnas neu yn weriniaeth annibynnol, ond y mae y ffaith ei bod yn gartre cenedl, sef pobl neillduol, a gwahanol iawn i'r Saeson . . . yn dangos na all llawer o'r deddfau a'r defodau sy'n gyfaddas i'r naill genedl ddim bod felly i'r llall.

Un o'r deddfau anghyfaddas hynny, meddai ef, oedd Deddf Addysg Foster. Wrth fynd heibio, sylwn eto gymaint fu dylanwad Emrys ar Saunders Lewis. Nid am annibyniaeth y gofynnai yntau ychwaith yn ei ddarlith ar Egwyddorion Cenedlaetholdeb ym Machynlleth ym 1926:

Yn gyntaf oll, peidiwn â gofyn am annibyniaeth i Gymru. Nid am nad yw'n ymarferol, ond oblegid nad yw'n werth ei chael. Dangosais eisoes mai peth materol a chreulon ydyw, yn arwain i drais a gormes a syniadau a brofwyd yn ddrwg . . . Mynnwn felly, nid annibyniaeth, eithr rhyddid. Ac ystyr rhyddid yn y mater hwn yw cyfrifoldeb. Yr ydym ni sy'n Gymry yn hawlio bod yn gyfrifol am wareiddiad a dulliau bywyd cymdeithasol yn ein rhan ni o Ewrop. Dyna uchelfryd y Blaid Genedlaethol.

Erbyn hyn, yr ydym yn dra chyfarwydd â'r anfanteision sy'n codi o fod dan lywodraeth gwlad arall, a lle nad yw *holl* gynrychiolwyr seneddol y genedl gyda'i gilydd yn ddim mwy na dyrnaid fechan ynghanol cannoedd o gynrychiolwyr Lloegr. Hyn oedd y sefyllfa yn ystod bywyd Emrys hefyd a dyna paham y dadleuai y dylai'r Cymry yn y Senedd cefnogi'r Gwyddelod a thrwy hynny ennill eu cefnogaeth hwythau. Trwy hyn, a chefnogaeth rhai Rhyddfrydwyr eraill o Loegr ac efallai o'r Alban, 'roedd gwell gobaith sicrhau rhywfaint o Ymreolaeth. Yr unig ffordd arall, ac fe welai Emrys hynny'n glir cyn belled yn ôl â 1886, oedd trwy ymladd. Wrth sôn am ddull yr aelodau Gwyddelig ar y pryd o lesteirio gwaith y Senedd trwy siarad yn ddi-ben-draw ar eu hachos ymhob dadl gerbron y Tŷ, ac wrth ystyried y gallai'r Aelodau Cymreig wneud yr un peth dros ddadl Ymreolaeth, dywedodd:

Os medr ein cynrychiolwyr gael hynny (sef ''rhyddid cenhedlig'') trwy deg, gorau oll; ond proffwydo yr wyf na chânt eu hiawnderau cenhedlig trwy deg; ac am hynny y rhaid iddynt ymbaratoi i'w mynnu *rywfodd* (sic.). Trwy *drais* y dygwyd ein rhyddid oddiarnom, a thrwy *drais,* y mae lle i ofni, y'i ceir yn ôl.

Beth, tybed, a feddyliai wrth y gair ''trais'' a'r gair ''rywfodd'' (ef sy'n italeiddio)? Dulliau uniongyrchol megis anufudd-dod sifil i ofynion cyfraith

Lloegr, efallai. Ond pa mor bell y byddai'n rhaid mynd â'r dulliau hynny? Beth oedd "trais"? Gwaetha' modd, nid yw'n dilyn y trywydd hwn ymhellach a hyd y gwn, nid yw'n ei drafod yn unman arall. Gwyddai am waseidd-dra ofnus ei genedl yn well na neb fel y dengys yn ei ysgrif ddychan "Bully, Taffy a Paddy", a chafodd fyw i weld dyfnder y gwaseidd-dra hwnnw yn ymddygiad Cymru yn ystod Rhyfel De Affrica. Gwyddai nad Gwyddelod mo'r Cymry, ond ni chafodd fyw i weld y modd y bu'n rhaid i'r Gwyddelod droi at wrthryfel arfog o 1916 hyd 1921 i ennill eu hannibyniaeth a bod y dewis hwnnw wrth wynebu gwlad ac ymerodraeth fel Lloegr yn anorfod. Dichon ei fod yn ddewis anorfod i unrhyw wlad a gaethiwyd gan un arall lle bo ecsbloetiaeth o'r wlad gaeth yn talu i'r gallu ymerodrol.

Sgrifennodd Emrys lawer i geisio deffro ei genedl yn wleidyddol. Eto i gyd, ni cheisiodd ffurfio plaid wleidyddol Gymraeg i roi grym ymarferol i'w feirniadaeth a'i syniadau. Bu'n rhaid iddo ddioddef cryn lawer am ei safiad, yn arbennig gan ei enwad tra phrydeinig-geidwadol ei hun, sef yr Hen Gorff, a wrthododd ei ordeinio yn Sasiwn Llanidloes am na fedrai gytuno â sefydlu'r "Inglis Côs" mewn mannau hollol Gymraeg. Petai ganddo gôr disgybledig o gefnogwyr, dichon y triniasid ef yn y Sasiwn honno gyda mwy o barch. Ond dyn a chanddo ffydd yn y gair argraffedig oedd Emrys; pamffledwr Ffrengig, sef Paul-Louis Courier, oedd ei arwr a'i batrwm. Nid oes gennym ni heddiw gymaint o'r ffydd yma efallai. Nid digon nac effeithiol yw dweud ar lafar neu ar lyfr; rhaid gwneud pethau. "Trech gweithred na gair", ac erbyn hyn, efallai y gallwn weld mai un o'n gwendidau fel pobl yw meddwl bod traethu geiriau yn gyfystyr â gweithredoedd.

Ac efallai hefyd na fynnodd Emrys godi plaid dros ymreolaeth nac annibyniaeth am ei fod, fel yr awgrymodd ym 1886, yn gweld yn glir na ellid, yn y diwedd, osgoi dulliau trais a thor-cyfraith, a'i fod yn arswydo rhag hynny. Dim ond cyfoedion a oedd yn ei adnabod yn dda a allai ateb cwestiwn fel hwn, ac erbyn heddiw, nid yw hyn yn bosibl.

Mae'n bryd imi ddwyn hyn o drafodaeth i ben. Wrth derfynu fe wn, wrth gwrs, fy mod wedi hepgor yn gyfangwbl sylwi ar y ddwy gyfrol fwyaf hysbys o'i waith, sef yr *Homilïau*. Nid nad wyf wedi eu darllen; yn wir, hynny sy'n peri imi sylweddoli dau beth yn glir iawn; un ydyw y gellid treulio holl amser a gofod y ddarlith hon i sylwi arnynt; rheswm arall pwysicach yw fy mod yn gwybod yn well na neb arall nad myfi yw'r un cymwys i'w trafod. Mae ynddynt frawddegau lu sy'n temtio dyn i ddyfynnu'n helaeth. Yn wir, da fyddai gwneud detholiad bywiog ohonynt a'u defnyddio fel maes llafur blwyddyn i ysgolion Sul a dosbarth uchaf ein hysgolion uwchradd; byddent yn fwy cyffrous a derbyniol gan bobl ifainc na llawer o'r hyn a gyfrifir yn Addysg Grefyddol y dyddiau hyn.

Ymhob cyfeiriad arall y ceisiais ei drafod yr oedd Emrys ap Iwan yn rhagflaenydd y dadeni llenyddol a gafwyd o ddechrau'r ugeinfed ganrif ymlaen a'r ymwybod cenedlaethol newydd a gorfforwyd yn blaid wleidyddol ym 1925. Yr oedd ynddo ef ei hun rai o brif nodweddion gwŷr y Dadeni Dysg: gofal am iaith a'i datblygu ar hyd llinellau cywir a chyson â'i natur hi ei hunan gogyfer â dibenion newydd; gwybod y clasuron llenyddol Cymraeg am mai yno y ceid yr enghreifftiau gorau o gryfdwr yr iaith; gwybodaeth helaeth o fywyd a llên y Cyfandir a thrwy hynny, dros-esgyn plwyfoldeb Seisnig Cymru; meithrin gwrthrychedd beirniadol wrth drafod sefydliadau Lloegr a Chymru. Ac at hyn i gyd, y peth prin hwnnw nad oedd yn bod yn ei ddydd ef, sef gweledigaeth o gydfodolaeth pob agwedd ar fywyd a diwylliant, y math o gysondeb y gwyddom ni heddiw orau amdano yng ngwaith Saunders Lewis, etifedd disgleiriaf Emrys, a hefyd yng ngwaith llenyddol a beirniadol T.Gwynn Jones, ei gofiannydd a'i etifedd cyntaf.

Hyd y gwn, nid yw Emrys yn sôn am Ramadeg Cymraeg Gruffydd Robert o Filan, un o brif ddogfennau'r Dadeni Dysg yn Gymraeg. Dichon nas gwelsai. Gresyn hynny, canys yno fe gawsai eiriau a sgrifennwyd dros dair canrif yn gynharach sy'n crynhoi ei feddwl yntau, gredaf i. Sôn y mae Gruffydd Robert mewn un lle am y rhai sy'n anghofio eu Cymraeg gynted ag "y gwelant afon Hafren neu glochdai Amwythig a chlywed Sais yn doedyd unwaith 'good morrow'", ac meddai:

A hyn sy'n dyfod naill ai o wir ffalsder, ynteu o goeg falchder a gorwagrwydd. Canys ni welir fyth yn ddyn cyweithas, rhinweddol mo'r neb a wado na'i dad, na'i fam, na'i wlad, na'i iaith. . .

Ac yn nes ymlaen fe welsai Gruffydd Robert yn diffinio sut ddyn y mae ei wir angen ar ddiwylliant Cymru; y math o ddyn oedd Emrys ei hunan, sef gŵr "cyfanddysg, odidog a diddiffyg mewn gwybodaeth ac ieithoedd". Heb un felly i lefeinio ac arwain bywyd gwlad, meddai, "brenin fydd unllygeidiog ymysg deillion".

Cofiwn y geiriau.

Bryn Aber, Abergele, lle y ganwyd Emrys ap Iwan

EMRYS AP IWAN
A SAISADDOLIAETH:
MAES Y GAD
YNG NGHYMRU'R 70au

Gan
Hywel Teifi Edwards

Darlith 1986

Hywel Teifi Edwards

EMRYS AP IWAN A SAISADDOLIAETH: MAES Y GAD YNG NGHYMRU'R 70au

Y mae'r ymgyrch bersonol a lansiodd Emrys ap Iwan yn *Y Faner* rhwng 1876 ac 1880 yn erbyn y "gwallgofrwydd Seisnig" yn fwy na digon o warant i'w unplygrwydd a'i dreiddgarwch a'i ddewrder. Pe na wnaethai ddim ond cyhoeddi "Y Dwymyn Seisnig yng Nghymru", "Wele dy dduwiau, O Walia!", "Y Llo Arall", "Gair at Rieni Cymreig", "Yr 'Achosion' Seisnig, alias yr Effeithiau Seisnig" a "Bully, Taffy a Paddy" byddai'i hawl i'w ystyried yn arwr gan gynheiliaid Cymreictod y ganrif hon yn anwadadwy. Mewn cyfnod pan oedd "Cymru lonydd" wrthi'n ymseisnigo er ei lles ei hun, fel y mynnai gredu, yr oedd gofyn ysbryd herfeiddiol go anghyffredin i edliw iddi ei ffoledd a'i thaeogrwydd wrth gymryd yn batrwm i'w ddilyn yr uchelddyn o Sais ymerodrol. Un peth oedd cwyno'n achlysurol yng ngholofnau'r Wasg am Ddic-Siôn-Dafyddion a datgan hawl i fyw yn hwyliog ar lwyfannau eisteddfodau i'r Gymraeg. Peth hollol wahanol oedd sylwi'n fanwl ar bobol a geisiai dreisio'u hunaniaeth genedlaethol mewn ymdrech i'w gwella'u hunain, a mynnu datgelu hylltod eu hanffurfiad ag awch cywiriol dychanwr diarbed. Un peth oedd dannod i'r Sais ei rodres; peth gwahanol iawn oedd ei ddangos mewn drych a wnâi'n dra amlwg ei raib, ei draha a'i fwlgariaeth. Disgynnodd dicter polemig Emrys ap Iwan i bwll rhesymoldeb Cymru'r 70au a'i drwblu i'w waelod, er mawr ddigofaint y llesolwyr a roesai'u bryd ar greu delwedd i'r genedl a'i gwaredai rhag collfarn Lloegr. Pa hawl a oedd gan ddarpar weinidog o Fethodist i siarad fel hyn?:

Cenedl uniaith yw'r Saeson yn anad un genedl yn Ewrop. Ni fynnant ac ni fedrant ddysgu un iaith ddieithr. Chwenychant bopeth sydd eiddo'r cenhedloedd eraill, ond eu rhagoriaethau moesol a meddyliol. Addefaf eu bod hwythau'n chwenychu gwybodaeth "ymarferol"; sef y wybodaeth honno sy'n dwyn aur yn ei llaw ddeau a "beef" yn ei llaw aswy. Yn awr, ai yn ei hanfoes a'i hanwybodaeth y dylem ddynwared cenedl arall? A ddylem ni ymgyrraedd at fod yn bobl uniaith am fod y Saeson felly? Y mae dau rinwedd yn perthyn i'r Saeson. Y maent yn lân, ac y maent ar amserau yn hael. Yn y pethau hyn mi a'ch cynghorwn i'w hefelychu . . . Wrth ddweud y Saeson, nid wyf yn dweud bod y Cymry yn well na hwynt, nac yn gystal

1

â hwynt; canys pa fodd y gall dynwaredwyr fod yn well na'r rhai a ddynwaredant?

(*Y Faner*, 27 Rhagfyr 1876)

Ni raid dweud wrth y rhai craffaf ohonoch nad wyf i ddim yn erbyn i chwi barchu pob Sais sydd yn haeddu parch. Dywedodd un Sais mai'r Saeson gorau yw'r bobl orau ar y ddaear, ac mai gwerin y Saeson yw'r creaduriaid dylaf a dyhiraf. Yr wyf yn credu ei dystiolaeth. Y trueni yw bod y Saeson gorau gymaint llai eu nifer na'r rhai gwaethaf. Cydnabyddaf fod miloedd o Saeson yn bobl y gellir eu parchu. Dadlau yr wyf nad yw corff y genedl Seisnig ddim yn gyfryw bobl y dylem ni'r Cymry eu "haddoli a'u dynwared".

(*Y Faner*, 11 Ebrill 1877)

Y mae'n amheus gennyf a faidd y Twrc ei hun honni ei fod mor fedrus â'r Sais ar y gwaith o orthrymu. Dial disymwth a dychrynllyd, y mae'n wir, ydyw dial y Twrc. Daw i lawr fel cawod o law taranau — yn fras iawn, ond anfynych y dêl; a phan ddelo, nid hir y pery. Yn ddefni parhaus y disgyn camwri'r Sais; a chamwri pa un o'r ddau ydyw'r mwyaf anoddefadwy, tybed? Y mae'r Cymry, oblegid hir gynefindod, wedi myned i edrych ar y defni hyn fel peth mor angenrheidiol a bendithiol â gwlith y nefoedd . . . Aethom mor wasaidd fel yr ydym yn cymryd plaid gorthrymwyr estronol yn erbyn perthnasau sydd tan yr un ddamnedigaeth â ninnau. O! ein tadau dewrion, pa fodd y'ch wynebwn ym myd yr ysbrydoedd?

(*Y Faner*, 22 Rhagfyr 1880)

Ganrif yn ddiweddarach, ni chollodd mo'r darnau yna'u grym perthnasol. Dyna fesur mawredd Emrys ap Iwan. I'r sawl y mae parhad Cymreictod yn broblem i'w chymryd o ddifri ni ellir dianc rhag oblygiadau'i ddehongliad ef ohoni. Adwaenai'r Sais a'r Cymro fel ei gilydd, a chanfu ddibyniaeth y naill a'r llall ar daeogrwydd, dibyniaeth a ddifethai urddas ac anrhydedd yn ddiwahân. Yr oedd y Sais o Brospero a'r Cymro o Galiban ynghlwm yng nghwlwm yr un diraddiad. Rhwng awydd y naill i chwyddo'i hunan-dyb a pharodrwydd y llall i'w borthi nid oedd, yng ngolwg Emrys ap Iwan, ddim i'w ddewis. Sarhâi'r ddau fel ei gilydd y natur ddynol. A chan gymaint ei atgasedd at yr hyn a welai'n digwydd o'i gwmpas yng Nghymru ymrôdd i'w atal, a thyfu yn y broses yn un o arch-aflonyddwyr y Gymru fodern. Yn wir, po fwyaf y meddylir am ei ymgyrch unig yn wyneb llu o wrthwynebwyr daw'n fwyfwy amlwg ei fod, yng ngeiriau

2

Emyr Humphreys, yn un o'r dyrnaid yn holl hanes y Cymry y mae'n rhaid eu hystyried yn "necessary figures".

Yn 25 oed, a rhai blynyddoedd o ymddiwyllio ar y cyfandir wedi rhoi iddo berspectif amgenach ar wareiddiad Lloegr, dychwelodd Emrys ap Iwan i Gymru a oedd, erbyn 1876, wedi bod wrthi'n ddyfal am ddeng mlynedd ar hugain yn dysgu gwersi Llyfrau Gleision Lingen, Symons a Vaughan Johnson. Yn ddiamau, pan ysgrifennir hanes y Gymraeg fe fydd i'r Llyfrau a gyhoeddwyd yn 1847 yn sgîl ymweliad y Comisiwn Brenhinol â Chymru yn 1846 le allweddol. Yn y cyfnod modern, Adroddiad Comisiwn 1846-7 yw'r ddogfen bwysicaf ei harwyddocâd i'r neb a gais ddeall cyflwr y Gymraeg heddiw. O'r Adroddiad hwnnw, a'r ymateb i'w ymosodiad ar gymeriad y genedl, y tarddodd y diwylliant amddiffynnol a oedd i hyrwyddo Seisnictod yng Nghymru i fwy graddau nag erioed o'r blaen. Yr Adroddiad hwnnw, a'i gollfarn ar y Gymraeg obsciwrantaidd — iaith anfoes, anudoniaeth ac ymneilltuaeth chwerw — a nerthodd ewyllys arweinwyr y bobol i sicrhau iddynt, ar fyrder, "the means . . . of acquiring a knowledge of the English tongue". Yr oedd dyddiau'r *Welsh screech*, chwedl Symons, yn ysgolion Cymru wedi'u rhifo.

Rhwng 1850 ac 1870 heuwyd hadau nychdod y Gymraeg ym meddylfryd y genedl. Yn ystod yr ugain mlynedd tyngedfennol hyn, ymbaratôdd ar gyfer angladd y famiaith. Er gwaethaf llwyddiant yr Ysgolion Sul, fe fynnodd y Cymry gredu nad oedd i'r Gymraeg werth addysgol mewn cyfundrefn seciwlar. Mewn ufudd-dod i ryw ddeddf oddi fry nad oedd i'w chwestiynu, fe dderbyniwyd bod gwybod Saesneg yn *sine qua non* addysg ddefnyddiol, a bod Cymreictod i'w Brydeineiddio rhag iddo rwystro cynnydd y genedl. Mewn ysgol a choleg, capel ac eglwys, eisteddfod a chyngerdd fe gyflyrwyd y Cymry i weld eu cyfle. Cymysgwyd utilitariaeth, philistiaeth ac imperialaeth yn ddiod lawer cadarnach na'r diodydd na flinai arweinwyr cymdeithas ar gwyno amdanynt oherwydd eu heffeithiau ansad, a'r union arweinwyr hynny, at ei gilydd, a fynnai weld eu pobol yn feddw gaib ar y facsiad newydd na flinent ar ganu ei chlodydd. Cynigient i'r genedl ddiod gadarn Saesneg i'w hadnewyddu'n gyflwyr mewn modd na fedrai cwrw bach y Gymraeg fyth mo'i wneud, ac yn sgîl eu hymgyrch hysbysebu fe yfodd y genedl yn ddwfn ohoni ac yn ei meddwdod chwaraeodd driciau brwnt â'i hunan, megis arfer y *Welsh Not* er lles ei phlant a chodi "Achosion Saesneg", hyd yn oed mewn ambell fro sicr ei Chymraeg, er lles Saeson dwad.

3

Yr hyn sy'n drist o amlwg yn y cyfnod rhwng 1850 ac 1870 yw diffyg argyhoeddiad a gweledigaeth y Cymry wrth wynebu her Oes Victoria i'w diwylliant. Nid peth newydd yn eu hanes oedd ymwybod â'u hannigonolrwydd, ond mewn oes a oedd yn gweddnewid eu bywyd mor gyflym, dwysäwyd yr ymwybod hwnnw a phlannodd Llyfrau Gleision 1847 gymysg ofn a chywilydd yn eu calonnau na allai lai na'u hansadio'n seicolegol. Aeth y Gymraeg iddynt yn iaith eu gwarth a'u darostyngiad, a'r Saesneg yn iaith ymwared. Dyna'r caswir sy'n llechu ynghanol y rhethreg a addawai dragwyddoldeb i "iaith y nefoedd", iaith diogelu purdeb moes y Cymro, iaith ei nwyd grefyddol.

Yn yr ysgolion elfennol a ddilynodd Ddeddf Forster yn 1870, yn y Coleg a agorwyd yn Aberystwyth yn 1872, yn yr ysgolion uwchradd a sefydlwyd yn y 90au, cardotai'r Gymraeg garpiog am sylw. Y Cymry a benderfynodd mai trefn o'r fath a dalai orau iddynt. Hwynt-hwy a ewyllysiodd droi cenedlaethau'r dyfodol o fod yn uniaith Gymraeg i fod yn uniaith Saesneg, ac nid tan i Dan Isaac Davies ddechrau ymgyrchu dros ddwyieithrwydd yn 1885 y gwelwyd symud cadarnhaol ar y ffrynt ieithyddol ym myd addysg. Am flynyddoedd lawer cyn hynny aethai achos y Gymraeg yn aberth ar allor enwadaeth. Tra bu'r anghydffurfwyr a'r eglwyswyr yn torri gyddfau'i gilydd wrth geisio dominyddu addysg yng Nghymru, bu'r Gymraeg yn llusgo byw ar sentiment gwladgarol, pragmatiaeth a phesimistiaeth. Ni ddadleuodd neb o blith "addysgwyr" y genedl trwy gydol blynyddoedd colledus y 50au a'r 60au y dylid ei hystyried hi a'i llên yn bwnc craidd. I'r gwrthwyneb, fe'i diraddiwyd er mwyn prysuro lledaeniad yr *imperial tongue*, a gwasgarwyd hadau'r agweddau negyddol sydd wedi dwyn ffrwyth mor chwerw yn ein canrif ni.

Gwaith hawdd fyddai dyfynnu'n helaeth er profi'r gosodiadau uchod. Mae hanes yr "Achosion Saesneg", yr Eisteddfod Genedlaethol a'r mudiad addysg yn tystio'n bendant i'r parodrwydd i fabwysiadu'r Saesneg ar draul y Gymraeg. Yn y gyfrol *Gŵyl Gwalia* (1980) ceir pennod sy'n ymdrin â'r dystiolaeth o sabwynt y Wasg Gymraeg a Saesneg yn y 60au, a dylai darllen honno sicrhau dyn o'r dewrder y byddai'n rhaid i ŵr fel Emrys ap Iwan wrtho cyn mentro i frwydr lle'r oedd y gelyn mor gryf. 'Roedd gwreng a bonedd wedi ymfyddino i'w erbyn.

Yn 1851 ni phetrusodd H.A.Bruce (Arglwydd Aberdâr wedi hynny) ddweud mewn geiriau a weddai'n llawn cystal petai'n trafod y *cholera* neu'r *typhus,* "I consider the Welsh Language a serious evil, a great obstruction to the moral and intellectual progress of my countrymen".

Cafodd garreg ateb yn *Cronicl* "'S.R.'", lle'r oedd Gruffydd Rhisiart yn barod i ddweud "'. . . y byddai'n fantais anhraethol i Gymry a Saeson pe bai'r 'Gymraeg', ie'r Gymraeg, wedi darfod amdani cyn bore yfory, a chenedl y Cymry wedi ymdoddi i mewn i'r genedl Seisnig''. Dyna'r thema y byddai amrywiadau arni i'w clywed yn ddi-daw trwy'r chwarter canrif a oedd i flaenori ymddangosiad Emrys ap Iwan ar faes y gad. Nid pawb, yn sicr, a fyddai'n fodlon arfer geiriau mor blaen â'r ddau a ddyfynnwyd eisoes, ond ymguddiai colyn angau'r Gymraeg hyd yn oed yng nghefnogaeth ei charedigion cynhesaf, y rhai a broffwydai dragwyddoldeb iddi mewn cegin a chapel tra anwybyddent ei darostyngiad beunyddiol yn y byd a oedd ohoni. 'Roedd ffydd yn ei dyfodol yn rhagori ar weithredu drosti yn awr ei hangen. Ac ar bob cyfrif, ni ddylid gwneud dim o'i phlaid a fyddai'n debygol o'i throi yng ngolwg y *progressives* yn faen tramgwydd ar ffordd llwyddiant bydol.

Yn *Seren Cymru,* Hydref, 1863, cyhoeddwyd llythyr gan "'Cymro Arall'" yn ateb i gwynion "'Cymro''" yn erbyn Seisnigrwydd Eisteddfod Genedlaethol Abertawe. Dyfynnaf ohono am ei fod yn siarad dros agwedd at y Gymraeg a oedd yn ganolog i'r cyfnod sy dan sylw, agwedd y dyn cyffredin, "'call''" a fynnai wella'i stad tra parhâi'n Gymro:

Beth bynag a ddywedir am ein hiaith, hyn a ddywedaf fi: - Pe na buaswn wedi bod mor ffodus a dysgu Saesneg, buaswn heddyw yn analluog i ysgrifenu fy enw, ac ni fuaswn wedi cael yr anrhydedd o ennill gwobr yn Eisteddfod Abertawy. Y dymuniad nesaf at fy nghalon i yw, i'r Cymry fyned yn drech nâ'r Saeson mewn masnach a gwybodaeth, ond ni ânt byth heb iddynt yn gyntaf fod yn hyddysg yn iaith y Saeson. Nid wyf fi ond 33 oed; ni chefais erioed ysgol oedd yn deilwng o'r enw; ond yr wyf fi heddyw mewn sefyllfa a chenyf awdurdod ar fwy nâ dwsin o Saeson, rhai o honynt wedi derbyn ysgoloriaeth athrofäol, ac eraill yn ddigon hen i fod yn dadau i mi. Dyna beth y mae dysgu Saesneg wedi ei wneyd i mi, a dyna beth wnelai gwybodaeth o'r Saesneg i filoedd o fechgyn ieuenc talentog Gwyllt Walia. Y mae yn rhaid cyfaddef mai pengamrwydd ac ystyfnigrwydd nifer lluosog o'n cydwladwyr sydd wedi "'blasto''" yr oes sy'n codi, trwy lwyddo yn effeithiol i'w cau allan o bob *competition* â'r Saeson, o herwydd eu hanwybodaeth o'r iaith Saesneg, Mae gan yr ysgrifenydd frodyr yn berchen ar dalentau naturiol, a phe buasent yn meddu ar wybodaeth o'r iaith Saesneg, gellid eu gosod mewn sefyllfaoedd anrhydeddus, yn lle eu bod fel y maent yn bresenol, mewn cyflwr o gaethiwed ac heb fod mewn gwell sefyllfa

5

nâ chaethion taleithiau Deheuol America, ac o'r braidd yn ennill digon i gadw corff ac enaid yn nghyd. A yw Cenedl y Cymry i barhau i fod gan mlynedd ar ol y Saeson mewn masnach a gwybodaeth, o achos neu er mwyn eu hiaith? I'r d__l â phob iaith, meddaf, âg sydd yn rhwystro unrhyw genedl i gadw ei sefyllfa briodol yn mysg cenedloedd y ddaear.

Wedi "gosod allan deimlad fy nghalon" mor eglur ni fynnai "Cymro Arall", fodd bynnag, i neb ei ystyried yn Ddic-Siôn-Dafydd: ". . . pe cawswn weled yr iaith Gymraeg yn iaith y bydysawd cwmpas-grwn, a phob Sais yn grogedig ar bren, buasai dymuniad penaf fy enaid wedi ei gyflawnu, a buaswn fel yr hen Simeon am farw yn y fan er dangos fy modlonrwydd". Ysywaeth, trigai "Cymro Arall" mewn byd real, ac yn hwnnw y Sais a benderfynai pwy a haeddai'i grogi.

Ar wastad arall, ymatebodd Thomas Gee, hefyd, i Eisteddfod Genedlaethol Abertawe neu, i fod yn gywir, i'r iws dilornus a wnaethai'r wasg Saesneg o'r Ŵyl honno. Sylwodd yn arbennig ar ddiddordeb y *Times* ynddi, gan mai "ymffrost gwastadol" y papur hwnnw oedd "gosod ei droed ar wddf cenedlaetholdeb pob gwlad, a chymmeryd mantais ar bob achlysur i ddyrchafu yr hyn sydd Seisonig goruwch yr hyn sydd ddynol". Da y gwyddai beth a enynnai ddirmyg y *Times* a'r papurach eraill at yr Eisteddfod Genedlaethol: "Mae i ran fechan o diriogaethau ei Mawrhydi, fel Cymru, ymfalchïo yn nghryfder a gogoniant ei sefydliadau hynafol yn cael edrych arno yn nesaf peth i deyrnfradwriaeth; oblegid byth wedi cwymp 'Llewelyn ein llyw olaf', rhyfyg o'r mwyaf ydyw sôn am 'ein' gwlad, ac 'ein' iaith. Y mae yr hyn a alwant hwy yn *fusion of nationalities* yn ddinystr i'n bodolaeth fel cenedl. Tybiant hwy mai Saeson ydym 'i' fod - mai dyna a 'ddylem' fod, ac mai dyna 'sydd raid' i ni fod cyn hir!"

Nid unwaith na dwywaith y protestiodd Thomas Gee yn erbyn malais y Wasg Saesneg yn ystod y 60au, ac ni raid amau ei ddifrifoldeb. Yn wir, gellid tybio fod perchen *Y Faner* yn enghraifft nodedig o Gymro trà dylanwadol nad anobeithiai am gyflwr y Gymraeg, ond fel ei gyd-Fethodist mawr, y Dr. Lewis Edwards, credai yntau mai lle cyfyngedig a oedd iddi yn Oes Victoria, lle dethol, wrth gwrs, ond lle cyfyngedig yng ngwasanaeth crefydd Cymru. Ac fel y Dr. Lewis Edwards, yr oedd Thomas Gee, hefyd, yn barod i rannu'r lle hwnnw, hyd yn oed, â'r Saesneg, rhag i'r Methodistiaid golli tir parch a dylanwad. Cynigiai'r "Achosion Saesneg" sicrwydd mewn cyfnod a allai fynd yn fwyfwy anodd.

Yn Awst 1866, ymddangosodd erthygl flaen yn *Y Faner* ar "Y Gymraeg, a'r Dyfodol", erthygl sobreiddiol gan fod Gee ynddi'n cydnabod ofn y realiti a bwysai mor drwm ar ŵr mor weithredol ei anian ag oedd ef. 'Doedd dim amdani ond cwrso cysuron. Gallai'r Gymraeg nofio ar ddyfroedd y dilyw Saesneg gan fod iddi "arch nefolaidd" i'w chynnal: "Yr ydym yn cyfeirio yn benaf at y weinidogaeth, a'r Ysgol Sabbathol, ac at ymlyniad y galon Gymroaidd wrth bregethu Cymreig . . . Er iddi gael ei gyru o'i holl amddiffynfeydd ereill, hi all drigo mewn diogelwch sicr yn yr amddiffynfa olaf hon am oesoedd etto . . Bydded y Saesneg yn iaith masnach, y Gymraeg yn iaith crefydd. Rhodder i'r Saesneg y byd; i'r Gymraeg y cyssegr . . . Caffed yr estron weithio y mwnau sydd yn gorwedd yn ein mynyddoedd, y mae genym ni fwnau mil cyfoethocach yn ein hen iaith a'n gweinidogaeth. Nac ildiwn y rhai olaf iddo beth bynag."

At hynny, onid oedd y Gymraeg "wedi byw yn rhy hir i drengu mor sydyn"? Mewn oes o ryfeddodau cynyddol siawns na cheid adnewyddiad iddi, hwyrach drwy'r Eisteddfod Genedlaethol newydd-anedig. "Oes o adgyfodiad ar y Gymraeg ydyw'r oes bresennol; ac yr ydym yn gorfoleddu wrth ei gweled yn ymadnewyddu gogyfer â'r dyfodol ac yn esgyn i fyny mewn llwyddiant gorfoleddus ar adenydd cariad y genedl". A phe na cheid atgyfodiad iddi yng Nghymru, beth am America? "Y mae y Gymraeg hybarch yn cael ei siarad bellach o dan sêr na welsom ni erioed mohonynt, ac ar lànau afonydd nad ydyw yr Hafren ond megys nant yn eu hymyl". Fe allai fod y Gymraeg wedi'i thynghedu i golli gwlad ac ennill cyfandir: "Tua'r Gorllewin y mae dylifiad y cenhedloedd. Ac fe allai y bydd ein cenedl ni yn ail flodeuo yno mewn nerth a llwyddiant, fe allai y clywir seiniau melusion y Gymraeg ar lànau yr Ohio fawr, neu yn ymgymmysgu â tharandwrf Niagara, pan na bydd ond ambell i fardd a hynafiaethydd prudd yn crwydro wrth droed yr Wyddfa, ac ar lan y Dyfrdwy, gan sisial yn hiraethus, 'Cymru Fu!' "

Y mae'n anodd osgoi'r casgliad fod Thomas Gee yn Awst, 1866, yn ymateb i argyfwng diamheuol yn hanes y Gymraeg a'i fod yn siarad fel un a sylweddolai fod yna gefnu di-droi-nôl ar yr heniaith yn digwydd ymhlith nifer cynyddol o'r Cymry. Rhwng serch calon ati hi a thynfa'r pen at y Saesneg yr oedd wal i fynd drosti a honno, i'r rhelyw o'r Cymry, yn wal ddiadlam. Dylid paratoi at y diwedd. Barnai'r *Cronicl* yn 1865 y dylai'r Eisteddfod Genedlaethol fabwysiadu'r Saesneg: "Marw y mae y Gymraeg. Y mae wedi marw yn llys barn. Y mae wedi marw yn marchnad yr arian, a bron yn marchnad pob peth arall. Y mae wedi marw yn safleoedd y rheilffyrdd, a swyddfaau pob elw; ac y mae bron wedi marw yn ei heisteddfod ei hun . . . Nid dweyd ein dymuniad yr ydym am hen iaith anwyl ein mam; ond dweyd ffeithiau, a cheisio cynhyrfu ein cenedl i ddarparu at fyw ar ei hôl''. Yr un oedd barn "Philologos" a fu'n trafod "Tynghed yr Iaith Gymreig" yn *Y Gwladgarwr*. Daethai awr ei diflaniad: "Y mae rhyw allu mawr, dirgel, anweledig, ac anwrthwynebol yn ei threulio yn feunyddiol, fel rhyw fôr yn tragwyddol guro ar ei thraeth, a rhwbio ar draws ei gororau gan ei threulio a'i threulio yn raddol, o ddydd i ddydd, ac o nos i nos, hyd nes y mae yn mron wedi llwyr ddiflanu." Darfyddai amdani "yn hollol naturiol, — bydd marw fel dyn o'r darfodedigaeth, ac ni theimla y genedl ddim oddiwrth yr amgylchiad, canys bydd meddwl y genedl wedi ei dymheru a'i baratoi, a'i gyfaddasu, fel yr ymgymoda yn hawdd, diymdrech a dialar a'r cyfryw amgylchiad ..." Yn fwy na hynny, gallai'r Cymry ymgysuro yn y sicrwydd mai Duw oedd wrthi'n difa'r Gymraeg er eu lles tymhorol hwy: "Beth bynag y mae Rhagluniaeth foesol Duw yn ei gyfnewid neu ei ddiddymu yn helyntion teyrnas a chenedl, gellir bod yn sicr ei fod er gwell: canys y mae tuedd a chychwyniad holl Rhagluniaethau Duw er dechreuad amser at berffeithrwydd''. Nid damwain ydoedd, felly, i Eisteddfod y Cymry a gynhaliwyd yng Nghastell-nedd ym Medi, 1866, fel protest yn erbyn Seisnictod ''Yr Eisteddfod'' fethu'n llwyr. Yr oedd Eisteddfod Gymraeg bellach yn ŵyl annormal - os nad cableddus - gan ei bod yn herio'r drefn anorfod, a gallai Cyngor ''Yr Eisteddfod'' ymwrthod â hi gan wybod fod y ddoethineb gyfredol o'u plaid: ''We have no connection with such Eisteddfodau. We repudiate exclusiveness as incompatible with advance. Our great object is 'SOCIAL PROGRESS', and we believe that the course of action that we advocate has a tendency to elevate and refine a thriving and a most orderly people.''

Erbyn diwedd y 60au y mae'n amlwg fod y Cymry wedi penderfynu nad oedd modd gwneud dim ymarferol i ddiogelu'r iaith. Yn wir, aeth llywydd y Cyngor, y Rheithor John Griffiths, mor bell â dweud nad busnes yr Eisteddfod Genedlaethol oedd hyrwyddo'r Gymraeg: ''We cannot afford to spend all our time in the perpetuation of the Welsh language. The language is very well able to take care of itself. I think our time might be better employed than in bolstering-up a language that may be of a questionable advantage''. Ar yr un pryd, cydnabu allu'r Eisteddfod i hybu'r Saesneg a gwadodd ei bod yn cael ei defnyddio i'w rhwystro: ''Oppose the spread of the English language! Nothing more preposterous''. Fe gâi honno bob cefnogaeth tra paratoid ar gyfer awr gollwng y famiaith. Fe'i gollyngid, wrth gwrs, mor urddasol ddi-boen ag oedd bosibl. *Euthanasia* amdani, a bedd yn hen fynwent y llan.

'Roedd y besimistiaeth farwol hon, fel y dywedwyd, i ddrygu'r Gymraeg am weddill y ganrif. Yn y 70au fe'i cadwodd allan o'r ysgolion elfennol, a phrawf Adroddiad Aberdâr, 1881, ar ragolygon addysg uwchradd yng Nghymru'r 80au y byddai yr un mor ddinistriol ei dylanwad yn yr ysgolion sir, hefyd. Nid sail i adeiladu arno oedd y boblogaeth o filiwn a fedrai'r Gymraeg, yn gymaint â dadl solet dros haeru fod yna "bilingual difficulty" i'w wynebu am hir amser. Byddai anfantais y Cymry Cymraeg yn parhau "for an indefinite time but less in the future than it has been in the past." Hynny yw, fe ddisgwylid i'r drefn arfaethedig wneud ei gwaith!

Trist o ddadlennol yw'r ffaith mai sylw ymylol a gafodd y Gymraeg gan Bwyllgor Aberdâr ac mai yn nhermau "the difficulty in respect of language" y'i trafodwyd o gwbwl. Ni cheisiwyd ystyried manteision dwyieithrwydd gan gymaint ffydd y Pwyllgor yn rhagoriaeth addysg uniaith Saesneg. O'r tystion a holwyd dim ond Thomas Gee a ddadleuodd dros ddysgu'r Gymraeg ochr-yn-ochr â'r Clasuron ac ieithoedd Ewrop. Cwyno a wnaeth y Dr. Lewis Edwards am fod ei fyfyrwyr Cymraeg yn gorfod dysgu'r Saesneg fel petai'n iaith estron, ac ni holwyd Hugh Owen o gwbwl am ei farn ar y pwnc. Ond hwyrach na raid dweud mwy am agwedd Pwyllgor Aberdâr ar ôl nodi fod y Cadeirydd ei hun wedi holi tad Thomas Edward Ellis, a'i fab ar y pryd yn New College, Rhydychen, "Do you think that he has been at all kept back by any deficiency in his knowledge of English?" Rhwng 1851 ac 1881 ni newidiasai H.A. Bruce, Arglwydd Aberdâr, mo'i feddwl ynglŷn â'r Gymraeg. Problem annymunol ydoedd ar bob cyfrif.

Yn 1872, coronwyd hir ymdrech Hugh Owen dros addysg yng Nghymru pan agorodd Coleg Aberystwyth ei ddrysau. 'Roedd agwedd Hugh Owen at ei famiaith yn hysbys eisoes. Fe'i caewyd allan o'r *Social Science Section* a impiodd wrth yr Eisteddfod Genedlaethol yn 1862. Nid ymgyrchai, chwaith, dros Goleg er mwyn hybu "a merely Welsh nationality", a busnes i'r genedl, ar ôl ei goleuo, oedd penderfynu pa groeso a gâi'r Gymraeg o'i fewn: "Let the perpetuation of the vernacular and other peculiarities of the nation be left to the free choice and sympathies of the people, when fully enlightened as to their own interests; but meantime, let the light enter". Lleufer y Cymro oedd llyfr da Saesneg. Na, ar ôl ystyried, go brin fod gofyn i Bwyllgor Aberdâr holi Hugh Owen ar bwnc yr iaith. Gwyddent mai iaith y cyflychwr Celtaidd ydoedd iddo ef.

'Doedd fawr o obaith i'r Gymraeg gael ei throed yn nrws y Coleg yn Aberystwyth tan i'r awdurdodau dawelu ofnau'r Wasg Saesneg am *raison d'être* y sefydliad. Fel yr Eisteddfod Genedlaethol, ni châi mo'i dderbyn tra credai'r Wasg honno ei fod i hyrwyddo rhyw ddiwylliant brodorol ar draul goleuedigaeth Lloegr. Gwyntai Stryd y Fflyd bob awgrym o ysbryd *Wales for the Welsh* o hirbell, a phan ddathlwyd agoriad y Coleg yn Hydref, 1872, trawyd nodyn tra Phrydeinig o'r cychwyn. Fe'i trawyd drachefn ymhen y mis yn y Cinio yng Ngwesty Cannon Street, Llundain, a gododd ryw £1,000 tuag at y fenter. Gwadodd George Osborne Morgan a'r Rheithor John Griffiths fod gan y Cymry unrhyw awydd i ymbellhau oddi wrth Loegr, a chlensiodd llywydd y noson, J.H.Puleston, A.S., y ddadl trwy gynnig llwncdestun a gydnabuwyd yn frwd - "Y Fyddin, Y Llynges a'r Ôl-fyddinoedd".

Yn dâl am hyn cafwyd sêl bendith yr *Evening Standard* Torïaidd ar ymdrech y Cymry i sicrhau moddion "domestic enlightenment". Buasai'n elyniaethus ei ymateb, yn ôl ei hen arfer, ond newidiodd ei gân ar ôl clywed y traethu yn Cannon Street. I'r *Faner* nid oedd hynny'n ddim llai na buddugoliaeth a dyfynnwyd geiriau'r *Standard* i brofi'r pwynt. Ni raid iddynt wrth unrhyw eglurhad heddiw:

> It was hinted not long since, if not categorically asserted by some few fervid and ill-advised patriots, that the proposed University should make it its business to defend the "nationality" of Wales against the cosmopolitan influences of the age. Both Mr. MORGAN and Mr. GRIFFITH distinctly deprecated any such idea. The College at Aberystwyth, which is the preliminary to the incorporation of the University of Wales, had "nothing to do with the perpetuation of the Welsh language; its simple object is materially to assist the intellectual development of Wales". As a matter of fact, the design of a Welsh University will be infinitely more likely to promote the extended use of the tongue of MILTON and SHAKESPEARE than of CADWALADER and TALIESIN. If such a University has any result whatever, it will be to promote a spirit of learning and of culture among all ranks whom its influence reaches; and this is simply tantamount to increasing the popularity of the language which is the accepted medium of culture and learning in Great Britain, and which is certainly not Welsh.

Nid tan 1875, pan benodwyd y Parch. D. Silvan Evans, Rheithor Llanwrin, yn Athro y cafodd yr iaith Gymraeg le o fath yn y Coleg. Yr oedd i dderbyn cyflog o £150 y flwyddyn am draddodi dwy ddarlith yr wythnos ac ambell ddarlith achlysurol. Yn 1878 gostyngwyd ei gyflog i £100 a rhoes y gorau i'r swydd yn 1883. Yn ôl "Y Gohebydd", bwriadai'r Cymmrodorion yn 1877 sefydlu gwobrau blynyddol i anrhydeddu'r myfyrwyr Cymraeg gorau yng ngholegau'r wlad, gan mai "pur ychydig o gefnogaeth, bron y nesaf peth i ddim, a roddir i astudio gwreiddiau ac elfenau hen iaith anwyl ac ardderchog ein mamau". Dwy flynedd ynghynt, mewn cinio yn Wrecsam i ddathlu cyhoeddi Eisteddfod 1876, galwodd Ficer Rotherhithe, y Parch. Robert Jones, am sefydlu Cadair Astudiaethau Celtaidd heb freuddwydio, mae'n siŵr, y byddai un i'w chael yng Ngholeg yr Iesu, Rhydychen, yn 1877 ar gyfer Cymro disglair o'r enw John Rhŷs a oedd eisoes wedi datgan yn glir wrth eisteddfodwyr Rhuthun yn 1868 a Lerpwl yn 1871 fod y Gymraeg yn wynebu'r diwedd. Busnes pob Cymro a Sais gwâr oedd gadael iddi farw mewn heddwch. Dyna oedd dymuniad John Rhŷs a dyna oedd dymuniad Prifathro Coleg Aberystwyth, y Parchedig Ddr. T.C.Edwards, mab y Dr. Lewis Edwards, a adawsai'i Eglwys Saesneg yn Windsor Street, Lerpwl, ar ddechrau 1871 yn gwbwl sicr iddo wasnaethu ar "uwch *platform*" na'r Parch. Owen Thomas: "Y mae dyn bach ar ben mynydd yn well na chawr yn y pant. Y mae yr achos Cymreig yn gogwyddo tua'r dyffryn. Yr achos Seisnig yw ein mynydd ni yn awr". Daeth y Gymraeg a'i llên i mewn i'r Coleg trwy warant y Saesneg, rhag i neb gredu, mae'n debyg, ei bod yn iaith naturiol fyw. Yr oedd yn bod, yn unig, yn nhermau goleuni'r *imperial tongue* a dyna fu ei thynged ym Mhrifysgol Cymru tan y Rhyfel Byd Cyntaf.

'Waeth i ba gyfeiriad y mynnai gŵr fel Emrys ap Iwan droi ei lygaid, gwelai'r Gymraeg dan draed. 'Roedd bywyd Cymru — ei chrefydd, ei haddysg a'i diwylliant eisteddfodol — yn prysur ymseisnigo. 'Roedd fel petai cenedl yng ngafael ysfa i ymwadu â hi ei hun — a gwae'r sawl a geisiai'i harbed. Da y cofiai R.J.Derfel yn 1905 am y casineb a boerwyd ato pan benderfynodd hepgor ei gyfenw, Jones: "Many who used to address me by my bardic name began to shout Jones at me — yes, actually to shout the name, as if they intended to annoy or insult". Da y cofiai'r "low opinions and insulting sentiments prevailing in the middle and upper classes about the Welsh and their language, history and literature . . . During my first years of travelling in Wales, the commercial rooms were hotbeds of abuse and ridicule of everything Welsh. The Welsh language was a curse to Wales, and ought to be abolished . . But what annoyed me more than anything else was the presence of Welsh traitors, joining with strangers,

11

to vilify their country and countrymen; and the brainless weaklings who were too cowardly to say a word in defence of their country". 'Roedd Emrys ap Iwan i brofi'r unrhyw gasineb ar ôl 1876.

Yn 1871, llifoleuwyd drachefn israddolder yr iaith yn y llysoedd barn, pan benodwyd Homersham Cox, Sais uniaith, yn farnwr i'r Llysoedd Sirol (Llysoedd y Mân-ddyledion) ar gylchdaith Canolbarth Cymru, cylchdaith a gwmpasai rannau o Gymru lle y byddai, yn ôl un protestiwr, gymaint ag 89 y cant o'r bobol y byddai gofyn i Cox eu trafod "agos yn gwbl analluog i ddeall yr iaith Saesneg." Penderfynodd George Osborne Morgan, A.S., herio'r Arglwydd Ganghellor ar lawr Tŷ'r Cyffredin, ac ar 8 Mawrth 1872 cododd i ddadlau dros symud Cox i gylchdaith arall lle na byddai'i ddiffyg Cymraeg yn dramgwydd.

Gan fod y stori eisoes wedi'i hadrodd yn rhifynnau Medi, Tachwedd a Rhagfyr o *Barn*, 1985, ni raid manylu nawr. Derbyniodd y Llywodraeth y cynnig dilynol ar derfyn dadl 8 Mawrth 1872:

That in the opinion of this House, it is desirable, in the interests of the due administration of justice, that the Judge of a County Court in which the Welsh language is generally spoken should, as far as the limits of selection will allow, be able to speak and understand that language.

Ac aeth y Cymry ati i ddathlu buddugoliaeth hanesyddol. Ond ni symudwyd Cox. Ar 26 Mehefin 1874 cododd Osborne Morgan y mater eilwaith yn Nhŷ'r Cyffredin a chael addewid bellach o degwch pan fyddai'r Arglwydd Ganghellor yn ystyried penodi barnwyr i Gymru, a chafodd fyw'n ddigon hir i gefnogi David Lloyd George pan gododd yntau yn y Tŷ ar 19 Chwefror 1892 i ymladd a cholli'r frwydr unwaith eto. Croesodd addewid Llywodraeth 1872 (pan oedd Arglwydd Aberdâr yn Ysgrifennydd Cartref) drothwy'r ugeinfed ganrif heb ei sylweddoli.

Pwynt canolog stori Homersham Cox yw'r ffaith mai ymgyrchu dros gyfiawnder i Gymry di-Saesneg yn hytrach na thegwch i Gymry Cymraeg yr oedd Osborne Morgan a'i gefnogwyr. Nid ymladd yr oeddent am hawl y Gymraeg i'w chydnabod yn iaith swyddogol yn llysoedd barn Cymru, ond ymladd am degwch i'r miloedd o Gymry nad oedd modd iddynt fyth ddysgu Saesneg. Pan fyddai'r gyfundrefn addysg wedi gwneud ei gwaith fe beidiai Cox â bod yn broblem. Drosodd a thro pwysleisid nad oedd dim a wnelai'r gŵyn yn ei erbyn â gwladgarwch plwyfol. Meddai Watkin Williams A.S., "There is no Welshman in his senses who does not desire to see the English language universally understood and used in Wales and who does not regard such sentiments as 'Wales for the Welsh' and 'Home Rule' and kindred ideas, as sheer nonsense, and in assuming the contrary you do us an injustice''. Ategwyd ei farn gan Osborne Morgan a Henry Richard, ac fe gyfeiriodd yr olaf yn 1872 at arfer y *Welsh Not* yn yr ysgolion elfennol fel prawf o'r modd yr awchai'r genedl am yr iaith Saesneg.

O wrando arnynt, rhaid bod Llywodraeth y dydd wedi sylweddoli'n fuan y gallent fforddio oedi, ac yn nadl 1892 mynnodd y Twrnai Cyffredinol, Syr Richard Webster, fod y tir dan draed y Cymry bellach yn llawer llai sicr: "I believe that for many years past every child in Wales has been taught English as well as Welsh. It is an honour to the Welsh nation that that should be so; but so far as this demand is concerned, it has been certainly decreasing in importance from 1872 down to 1891''. Pa raid oedd cymryd o ddifri gri am gyfiawnder yn enw arwahanrwydd pan oedd lleiswyr y gri honno'n ymorchestu yn nheyrngarwch Prydeinig eu pobol a'u mawr awydd i fod yn Sais-debyg, pan oeddent, yn iaith ein dyddiau ni, yn hawlio "special relationship" â Lloegr ar sail ufudd-dod iddi a chydymdeimlad hael â'i gwerthoedd? Gallai cenedl a rôi gymaint bri ar "like-mindedness" ymdopi ag ambell farnwr di-Gymraeg nes iddi ddysgu siarad ei iaith. Yn wir, cymwynas â hi yn y pen-draw fyddai peidio â symud Cox a'i debyg er mwyn hyrwyddo'r *symbiosis* Prydeinig, "for," meddai'r Arglwydd Ganghellor yn 1871, "the existence of two languages has a tendency to separate people who, as fellow-citizens, should be as far as possible united.''

Yr oedd y sefyllfa a wynebai Emrys ap Iwan yn 1876 yn un wironeddol argyfyngus. Gwelai'r Gymraeg ar encil ac arweinwyr y genedl yn goddef, os nad yn hwyluso'i dibristod. 'Roeddent yn amlwg yn anfodlon ar ran y genedl mewn bywyd ac am iddi ddyrchafu ei llygaid at ei lles. 'Doedd dim amdani i John Jones ond cael bod yn bartner i John Bull, is-bartner wrth gwrs. Chwedl Ceiriog ar ei waethaf ymgreiniol,

> . . . Beth bynag a ddaw o'r hil ddynol,
> Fe fydd teyrnas Gwlad Brydain yn gre':
> John Jones a John Bull ydyw'r bobol
> Allant gadw'r hen fyd yn ei le.

Erbyn canol y ganrif ddiwethaf *'roedd* y Cymry *yn* addoli "Llo Seisnig''. Mewn geiriau eraill, 'roeddent wedi ildio i apêl myth mawr hanes Lloegr er cyfnod y Tuduriaid, myth Eingl-Sacsoniaeth, a heb i ni sylweddoli hynny ni wnawn iawn amgyffred yr ymwrthod â'r Gymraeg, yr adwaith husterig i Lyfrau Gleision 1847, yr awchu am sylw cymeradwyol a dirmyg Emrys ap Iwan at waseidd-dra'i gydwladwyr. 'Roedd noethlymuno'r uchelddyn o Sais, ysu'r hud ymerodrol a amgylchynai'r "Llo", yn dasg i'w chymryd o ddifri. Dibynnai adfer hunan-barch y Cymry ar ddadlennu cyfoeth eu hetifeddiaeth, yn enwedig eu hiaith, o'r newydd yn ogystal â dinoethi traha cwrs y Sais na phetrusai sathru ar ddiwylliannau'r gwledydd a drawsfeddiannai yn enw gogoniant Prydain Fawr. Gwelodd Emrys ap Iwan ei ffordd yn glir o'r cychwyn.

Yn Oes Aur Victoria y gwelwyd penllanw'r myth Eingl-Sacsonaidd. Yn ganolog iddo 'roedd y gred fod rhagoriaeth y Saeson i'w phriodoli i'w tras Tiwtonig, ac 'roedd pedair elfen ymhleth yn y gred honno. Dadleuid: (i) bod y bobol *Germanic,* oherwydd purdeb eu tras a'u cenhadaeth wareiddiol, yn gynhenid drech na phobloedd eraill o ran cymeriad unigol a sefydliadau cymdeithasol; (ii) bod y Saeson yn bobol *Germanic* a bod eu hanes yn dechrau gyda glaniad Hengist a Horsa yn Swydd Caint, 449; (iii) bod yr ansoddau a wnâi sefydliadau politicaidd a chrefyddol y Saeson y mwyaf rhydd yn y byd wedi'u hetifeddu gan y cyndadau *Germanic* a (iv) bod y Saeson, i fwy graddau na'r un bobol *Germanic* arall, yn ymgorffori athrylith y cyndadau ac o'r herwydd yn dwyn baich cyfrifoldeb arbennig o ran arwain yn y gymdeithas fyd-eang. Dyna, yn ôl ymdriniaeth gampus Hugh A. MacDougal, *Racial Myth in English History: Trojans, Teutons and Anglo-Saxons* (1982), oedd seiliau hyder y Sais ymerodrol yn Oes Victoria, pan gredai "that he was peculiarly manly, honourable, apt for leadership and that his social institutions, of ancient Saxon pedigree, were superior to those of any other people." Lloegr oedd "the mighty necessity of civilization"; y Saeson, ym marn yr Arglwydd Macaulay, oedd "the greatest and most highly civilized people that ever the world saw."

Gwireb yw datgan mai ffydd mewn *Cynnydd* oedd un o rymusterau cyfeiriol mawr y ganrif ddiwethaf. Fe'i cyfiawnhawyd gan Kant a Hegel a'i phriodi â'r ysbryd Almaenig, "The German spirit is the spirit of the new world." Yr oedd myth Eingl-Sacsoniaeth yn gosod dwylo Lloegr wrth lyw y byd. Rhwng 1799 ac 1805 cyhoeddodd Sharon Turner ei *History of the Anglo-Saxons* a chafwyd saith argraffiad o'r gwaith erbyn canol y ganrif. Rhoes un bennod ar ddeg i foli Alfred Fawr, yn ei ddydd "the most beneficient luminary" a welsai'r byd, a haerwyd bod y Sacsoneg yn "very copious language . . . capable of expressing any subject of human thought." Yn fyr, ym marn MacDougal, gosododd Turner seiliau dehongliad hiliol o hanes Lloegr, gyda'i bwyslais ar fuddugoliaeth derfynol pobol a oedd

14

wedi'u cynysgaeddu'n rhyfeddol gan ragluniaeth ddoeth. 'Roedd *Teutomania* yn y tir.

Na chreded neb mai gwŷr od yr ymylon a gyhoeddai dra-ragoriaeth y Saeson. Ymhlith y dyrchafwyr hiliol gellir rhestru Carlyle, John Kemble, Goldwin Smith, John R. Green, William Stubbs, James Anthony Froude, Charles Kingsley, E.A. Freeman a'r Arglwydd Acton — rhai o brif haneswyr Oes Victoria. Yn 1849 cyhoeddwyd cylchgrawn, *The Anglo-Saxon*, i ddathlu milflwyddiant geni Alfred Fawr, "the founder of our glory", ac ynddo ymddangosodd cerdd gan arch-fardd demotig yr oes, Martin Tupper, ar "The Anglo-Saxon Race":

Stretch forth! Stretch forth! from the south to the north,
From the east to the west, — stretch forth, stretch forth!
Strengthen thy stakes and lengthen thy cords, —
The world is a tent for the world's true lords!
Break forth and spread over every place
The world is a world for the Saxon race.

Nid oedd ond gwahaniaeth idiom rhwng *rant* Tupper a thraha ei well ym myd llên. Pan gyhoeddodd Charles Dilke, *Greater Britain: A Record of Travel,*yn 1869 yr oedd yn edrych ar y byd yn nhermau *Saxendom*, yn nhermau brwydr rhwng y "dear races" a'r "cheap races". Rhagwelai "that the dearer are, on the whole, likely to destroy the cheaper peoples, and that Saxendom will rise triumphant from the doubtful struggle". Rhagwelai dra-arglwyddiaeth y Sais heb ddim gofid, "the gradual extinction of the inferior races is not only a law of nature, but a blessing to mankind."

Fel pe na bai'r pwyslais o du "hanes" yn ddigon, cafwyd gan ieitheg ac ethnoleg "brofion" pellach o'r rhagoriaeth Diwtonig. O ymdrech Syr William Jones, Jacob Grimm a Franz Bopp i olrhain ieithoedd a'u dosbarthu'n deuluoedd daeth y term *Aryan* (o'r Sanscrit *arya,* = nobl) i gynnwys Sanscrit, Zend, Perseg, Groeg, Lladin, Celteg, Tiwtoneg, Slafoneg a'u tarddieithoedd modern. Apeliodd damcaniaethau'r ieithegwyr at genedlaetholwyr diwylliannol a fynnai gredu fod pobloedd a siaradai ieithoedd o wreiddyn cyffredin o gyff biolegol cyffredin hefyd. Dechreuwyd profi hil ar sail iaith. Cenhedlwyd myth marwol yr hil *Aryan* y bu'n dda gan ysgolhaig mor ddisglair â Max Müller ei arddel am gyfnod cyn ymwrthod ag ef yn llwyr.

Ar yr un pryd, dan sbardun theori esblygiad, 'roedd yr ethnolegwyr a'r anthropolegwyr wrthi'n dosbarthu pobol ar sail gwahaniaethau biolegol, megis lliw croen a gwallt, siâp y benglog neu'r pelfis, maintioli'r corff, siâp y trwyn ac yn y blaen. A chyn pen dim ceid hwyl ar gysylltu nodweddion corfforol ag ansoddau deallol a moesol. Ganed "gwyddor" Penofyddiaeth (Phrenology), diolch i'r Almaenwr o dad, Franz Joseph Gall, a daeth "darllen pen", yn enwedig ar ôl cael y *cephalic index* gan Andreas Retzius, yn wybodaeth ffasiynol-ddefnyddiol. Bu'n rhaid i chwe miliwn o Iddewon farw er profi'r diawlineb a lechai o'i mewn, ond ymhell cyn hynny 'roedd perchnogion y penglogau hirben i'w rhestru ymhlith yr etholedigion *Germanic* deallus, a pherchnogion y penglogau lletben, y Celtiaid a'r Negroaid a'r Eskimos, er enghraifft, i'w gosod ymhlith y bobloedd dirywiedig.

Yn 1900, yn ei gyfrol *Man: Past and Present,* barnai A.H.Keane fod y Sacson bellach yn ddigon cryf "to ensure the future control of human destinies." Fe'i tynghedwyd i arwain, "stolid and solid, outwardly abrupt but warm-hearted and true, haughty and even overbearing through an innate sense of superiority, yet at heart sympathetic and always just, hence a ruler of men." Eto i gyd, teg yw dweud fod meddylwyr mwyaf goleuedig Lloegr wedi syrffedu ar yr holl ffiloreg cyn diwedd Oes Victoria, a phan ddechreuodd yr Almaen, creadigaeth Bismarck a Kaiser Wilhelm, dresbasu ar fawredd Prydain darfu am *Teutomania* yn sydyn. Fel y sylwodd MacDougal, gadawyd i'r Natsïaid ddilyn oblygiadau myth Eingl-Sacsoniaeth i'w pen-draw llofruddiol a chafodd y byd dalu'r pris rhwng 1939-45. Nid yw, gwaetha'r modd, yn farw gorn ym Mhrydain fel y prawf bodolaeth y *National Front* ac apêl Thatcheriaeth i'r elfennau salaf yn ei chefnogwyr. Ond y mae, diolch byth, ar ei wely angau.

Pan ddechreuodd Emrys ap Iwan ymgyrchu yr oedd Eingl-Sacsoniaeth, fodd bynnag, yn rym bygythiol. Perthynai'r Cymry, fel eu cyd-Geltiaid, i'r "cheap races" a'r hyn a ffaglai ddicter Emrys ap Iwan oedd parodrwydd ei gydwladwyr i dderbyn asesiad y Sais o'u gwerth. Diolch i'r Gwyddyl gwrthryfelgar, wynebodd y Celtiaid gollfarn Lloegr, y wlad yr oedd "Heaven's decree" wedi rhoi gwarant iddi greu Ymerodraeth er gwella cyflwr byw pawb o'i mewn. Cododd ton Celtgasedd yn uchel. Sylwodd y Sgotyn, David Masson, golygydd *Macmillan's Magazine,* mor gynnar ag 1861 ar dreialon bod yn Gelt: "There can be no doubt that of late the Celt has been at too great a discount in our literature . . . The wild hysterics of the Celt, his restlessness, his want of veracity, his want of the power of solid and persevering labour, his howling enthusiasm about nothings and his neglect of all that is substantial, the perpetual necessity of some stern alien discipline to keep him in order — these are everyday themes in our talk and our literature . . . Positively the thing has gone so far that it is not respectable any longer in certain quarters to be a Celt, and any one who is in that unfortunate predicament has to go back in his pedigree for some Teutonic grandmother, or other female progenitor, through whom he may plead his blood as at least decent half-and-half''. Heb os, 'roedd bywyd yn anodd. Yn 1881 aeth yr hanesydd syber E.A. Freeman ar daith drwy America a dod i'r casgliad, ''This would be a grand land if only every Irishman would kill a negro, and be hanged for it.'' Sut oedd ennill parch? .

Gwrthryfel oedd ateb y Gwyddel. Ufudd-dod oedd ateb y Sgotyn a'r Cymro..Casâi'r Cymry y Ffeniaid a rôi enw mor frwnt i'r Celt. Yn iawn am eu gwyrni hwy gwnaethant fôr a mynydd o'r Goron, ac o'u *imperial mission* fel gwlad fach grefyddgar a chanddi ofal arbennig am enaid Lloegr — a ffwrneisiau'i fflyd. Hyd at Ryfel Byd 1914-18 ni flinodd mo'r Cymry ar geisio tra-rhagori mewn teyrngarwch. Trigai *Dame Wales* ymhob twll a chornel o "Gymru lân, Cymry lonydd''. Dychmyger ymateb darllenwyr *Y Faner* pan ymddangosodd ''Bully, Taffy, a Paddy'' yn Ebrill, 1880. 'Roedd codi ''Paddy'' gwlatgar, anrhydeddus ben ac ysgwyddau'n uwch na'r Sais treisgar a'r Cymro ymgreiniol megis cabledd, yn enwedig pan oedd yr *Encyclopaedia Britannica* newydd gadarnhau'r *rapport* arbennig rhwng Lloegr a Chymru yn y cofnod anfarwol hwnnw, ''For Wales - see England''. Mewn protest yn erbyn awdur sylwadau mor ffiaidd haerodd ''Cyndeyrn'' ei fod yn amlwg yn dioddef gan ''ryw fath o *decomposition* meddyliol.''

Y gwir, fodd bynnag, yw bod Emrys ap Iwan wedi canfod ei darged yn eglur: ''Y mae'r 'Anglo-mania' wyllt sydd yn pendifadu Cymru y dyddiau hyn yn peri i mi gymaint o ofid a chywilydd wyneb fel yr wyf yn penderfynu arfer pob moddion — hyd yn oed y fflaim a'r wermod, os bydd raid - i geisio eu meddyginiaethu.'' Gwyddai beth oedd disgwyliadau'r Saeson. Sylwai haneswyr fel Woodward a Froude yn nawddogol ar wlad fach a wyddai nad oedd yn abl i lywio'i chwrs ei hun. Yr oedd, wedi'r cyfan, wedi'i choncro ac, fel y dywedodd Froude, wedi derbyn ei rheoli ''by those who are nobler and wiser than themselves.'' Dim ond ''the power of resistance'' a gyfiawnhâi hawl i annibyniaeth ac fel y tystiodd y Cymry droeon a thro ni chwenychent mo'r hawl honno. Byddent yn falch o'u cydnabod yn elfen fywiol yng ngwead Prydain Fawr, o gael gan Loegr arddel yr elfen Geltaidd yn ogystal â'r elfen Diwtonig yn ei gogoniant.

Yn 1868 cawsant dafodog defnyddiol ar eu rhan pan roes yr Eisteddfod Genedlaethol wobr o £150 i'r Sais, John Beddoe, am ei draethawd, "On the Origin of the English Nation, more especially with reference to the question how far they are descended from the Ancient Britons." *'Roedd* y Celt, yn ôl Beddoe, yn dal i lechu yng ngenedau'r Sais ac fe ddylid rhoi llai o sylw i'r waddol Diwtonig! O gredu hynny gallai'r genedl lawenhau gyda Hussey Vivian, A.S., "They in Wales . . . thought England the greatest country in the world, and Wales the greatest country in England." Gellid cael y gorau o bob byd.

Nid un i fyw ym mharadwys ffŵl Vivian a'i debyg oedd Emrys ap Iwan. Fe wyddai fod derbyn Eingl-Sacsoniaeth yn rhwym o ddifa'r Gymraeg ymhen hir a hwyr, 'waeth beth am ei charedigion twymgalon a broffwydai iddi dragwyddoldeb. Ni byddai'r Gymraeg fyw ar sentiment. O flwyddyn cyhoeddi'r Llyfrau Gleision yn 1847 hyd at agor y Coleg yn Aberystwyth a chadw Cox yn ei swydd yn 1872, gallai Emrys ap Iwan nodi enghraifft ar ôl enghraifft o elyniaeth at yr iaith yn Lloegr. Iaith cadw'r Cymry dan yr hatsus ydoedd yn ôl y Comisiynwyr, melltith Cymru ydoedd yn ôl y *Times* yn 1866. Matthew Arnold a wylltiodd y papur hwnnw bryd hynny trwy feiddio dal yn ei ddarlithiau enwog yn Rhydychen ar "Celtic Literature" fod ar Loegr angen ysbrydolrwydd y Celt rhamantus rhag i'r elfen Diwtonig ddilyffethair wneud y Sais yn philistiad anadferadwy. Megis y gwareiddiwyd Rhufain gan Roeg, gallai'r Celtiaid yn Oes Victoria ledneisio'r Saeson. I'r *Times,* ymddangosai fod Arnold yn colli arno'i hun. Rhaid cyfaddef fod ei eirda i Geltigiaeth, o gofio'i barodrwydd fel arolygwr ysgolion i gladdu'r Gymraeg, yn taro dyn yn od. Ohono ef y tarddodd y syniad ffuantus mai mater o "hwyl" yw Cymreictod na raid wrth iaith fyw i'w chynnal.

Yn driw i'w anian, cefnogodd y *Times* safiad yr Arglwydd Ganghellor dros benodiad Homersham Cox yn 1871 hefyd, gan ddadlau drachefn na ddylid drygu dyfodol y Cymry er mwyn iaith heb iddi lenyddiaeth ac eithrio "a few semi-barbarous ballads". Cenedl uniaith oedd y Saeson a gorau po gyntaf yr ymdebygai Cymru iddi: "It is quite certain the mass of a population will only speak one language, and equally certain that the Welsh would be open to far more numerous and more improving influences through a knowledge of English than of Celtic." Byddai caniatáu i'r Gymraeg ei lle mewn unrhyw gylch swyddogol yn "unfortunate regression". Mae'n wir i'r *Times* newid ychydig ar ei gân ar ôl y ddadl yn Nhŷ'r Cyffredin ym Mawrth, 1872, gan gydnabod tegwch safbwynt Osborne Morgan a mynegi'r gobaith yr âi mwy o fargyfreithwyr ati i ddysgu'r Gymraeg. Serch hynny, disgwyliai i fwy a mwy o'r Cymry ollwng gafael ar eu mamiaith wrth brofi "the influence of the higher English education." Yn ofer y ceisiai'r *Times* wneud sŵn colomen.

Yn Ebrill, 1877, y penderfynodd "Cyndeyrn" ateb Emrys ap Iwan yn *Y Faner.* Nid digon ganddo'i gyhuddo o benwendid. Rhaid oedd ei ddamnio am fynnu rhwystro cynnydd ei gydwladwyr a "maeddu ffynnonell eu gwareiddiad, eu cysuron tymmorol, a'u holl faeth lenyddol" — sef yr iaith Saesneg. Yn dyst i'w ddoethineb galwodd ar y *Westminster Review,* gan ddyfynnu'n gymeradwyol o erthygl ynddo a gondemniai'r ymgyrch dros sefydlu Prifysgol yng Nghymru:

The whole tendency of modern civilization is to assimilate races, and gradually to eliminate provincialism of dialect, manners, thought and race. At times, we may regret that it is so . . . But why kick our feet against the pricks? Why make faces at the inevitable? Celtic enthusiasts may found a Gaelic chair at Edinburgh; Professor Blackie may sing the praises of a language he cannot speak, and the Highland Society may award prizes for the best composition in Erse; but the gallant efforts of these linguistic Tories to stem the tide of Saxon conquest but remind one of Mrs. Partington and the ocean. The interest of Wales, we presume, demands that people should in reality, as well as politically, become an integral part of the united kingdom.

Dyna'r farn a ystyriai "Cyndeyrn" yn deilwng o bawb a garai les Cymru, ac yn ei goleuni hi y dylid darparu ar gyfer yr "inevitable." Y mae'r ffaith ei fod yn medru ysgrifennu mor ymosodol frwd o'i phlaid yn tystio i drwch y taeogrwydd a wynebai saethau Emrys ap Iwan.

Ni pheidiodd â saethu am ei fod yn gwbwl sicr fod y "power of resistance" y soniai Froude amdano eto'n bod yn y Gymraeg. Heb sefydliadau gwladwriaeth o'i phlaid gallai'r genedl ddiogelu ei harwahanrwydd, pe mynnai, trwy drysori'r famiaith. Ynddi a thrwyddi hi fe allai'r genedl ddangos y gwerth a rôi arni'i hunan a'i hetifeddiaeth. Dyna pam yr ymgyrchodd Emrys ap Iwan dros sicrhau ei safonau ar lafar ac mewn llên. 'Roedd Cymraeg aflêr yn brawf o israddolder y genedl, o'i thlodi ysbrydol, a'i hunan-ddirmyg. Yn y 60au, yn ateb i'r "bilingual difficulty", cyngor Ceiriog i'w gynulleidfa oedd "Siaradwch y Ddwy" a "Stop ar Mixio Saesneg." Mae'r ddwy gerdd yna gyda'r pwysicaf a ganwyd ar bwnc yr iaith yn Oes Victoria, y naill yn pleidio pragmatiaeth amhleidiol a'r llall yn edliw bai yn chwerthingar. I Emrys ap Iwan, galwai argyfwng y

Gymraeg am ymroddiad di-ildio a chas at fratiaith, Golygai nodi troseddwyr, 'waeth beth am eu maintioli, a'u cystwyo'n ôl y gofyn ac fe wnaeth hynny'n fwy parhaol-effeithiol na'r un Cymro arall yn ei ddydd.

Nid yw dweud hynny'n tynnu dim oddi wrth safiad dewr Michael D. Jones ac R.J.Derfel, gwŷr glew a gododd lais yn erbyn gwaseidd-dra ac a heriodd eu cydwladwyr i goledd uwch syniadau am eu posibiliadau fel cenedl anrhydeddus. Ond i Emrys ap Iwan y rhoed y ddawn i lefaru'r gair a ddychrynai fateroldeb nifer o'i gyfoeswyr o'u marwol wead, ac y mae'r ddawn honno'n dal i lefaru'n llym gyhuddgar o hyd, fel y gwn yn dda ar ôl rhai wythnosau o'i ailddarllen. Y mae'r cywair cywiriol a osododd yn ei ddydd mor gyson gywir heddiw ag erioed, a thra parhawn i ddioddef o ysictod Eingl-Sacsoniaeth bydd arnom wir angen ei wrando.

Darlithiau eraill yn gyfres:

Emrys ap Iwan gan Ellis Wynne Williams (1981)
Ein Dyled i Emrys ap Iwan gan Gwynfor Evans (1982)
Ffydd Emrys ap Iwan gan y Dr. R. Tudur Jones (1983)
Emrys ap Iwan a'r Iaith Gymraeg gan yr Athro Bobi Jones (1984)